나를 위한
인테리어

나이들수록 더 편안하게

미즈코시 미에코 지음 | 박승희 옮김

즐거운상상

PROLOGUE

공간이 달라지면
그곳에 사는 사람도 달라집니다

20년 전 한 회사로부터 이런 의뢰를 받았습니다.
"은퇴 후 집 리모델링을 고민하는 분이 주변에 많습니다. 설계 노하우를 제공해 주실 수 있나요?"

예전에는 리모델링이라고 하면 욕실이나 화장실을 고치는 정도였는데, 그 무렵부터 설비 교체 뿐만 아니라 은퇴 후의 생활을 위해 평면까지 변경하고 싶다는 요청이 늘기 시작했습니다. 실제로 그런 요청과 불만을 들어보니 불편한 동선(평면) 때문에 비효율적인 움직임이 많아 힘들다는 이야기였습니다. 집에 머무는 시간이 길어지면서 생활 속에서 불필요한 행동을 하고 있다는 걸 알게 된 것이지요.

3LDK, 4LDK로 지어 판매되는 주택은 방의 개수를 확보하기 위해 주방이나 욕실, 수납 공간에 좋지 않은 영향을 미치게 됩니다. 아무리 노력해도 금방 어질러지고 불편한 집이 되기 쉽지요. 리모델링은 신축과 달리 여러 제한적인 조건이 있지만, 그 안에서 문제를 해결해나가며 '어디까지 살기 좋고 쾌적한 집으로 바꿀 수 있을지', '거주자의 이상에 얼마나 가까워질 수 있을지'를 고민하게 되었습니다. 어렵지만 매우 보람 있는 일이었습니다.

리모델링에서는 집의 구조와 배수 및 배관 루트를 고려해 수도 시설의 이동 가능 범위를 고민합니다. 기존 구조와 전혀 다른 플랜을 제안하는 경우도 있지요. 공사가 진행되면서 달라지는 집을 보고 많은 분이 "이 집이 이렇게 변하다니!"하고 놀라기도 합니다.

리모델링을 통해 동선이 편해지고, 아름답고 살기 좋은 집으로 거듭나면 그곳에 사는 사람도 변하게 됩니다. 하고 싶은 일을 마주할 여유와 기력이 생기고 언제든 손님을 초대할 수 있어 삶을 즐기게 되기 때문입니다. 포근하고 쾌적한 공간에서는 집안일이나 정리정돈에 쫓기지 않고 오랜 스트레스로부터도 해방되어 누구나 생기 있고 쾌활해지는 것 같습니다.

리모델링의 또 하나 좋은 점은 오랜 세월 익숙한 장소에서 주변과의 관계를 바꾸지 않고 집을 소생시켜 살아갈 수 있다는 것입니다. 인생 100세 시대, 60세가 넘어 리모델링을 하더라도 인생의 3분의 1을 바꿀 수 있습니다.

지금까지 가족을 우선으로 생각해 온 분들도 이제부터는 자신을 더 소중히 여기기 바랍니다. 그런 집을 고민하기에 지금이 가장 적당한 시기입니다.

공사가 끝나고 집을 인도한 후 직원들과 "가치 있는 리모델링이 되었다"라고 말하는 경우가 종종 있습니다. 한정된 예산으로도 생활이 눈에 띄게 쾌적해지는 리모델링을 우리는 '가치 있는 리모델링'이라고 부릅니다.

여러분의 리모델링을 가치 있게 만드는 데 이 책이 도움이 되면 좋겠습니다. 리모델링을 통해 앞으로 여러분의 인생이 더욱 풍요로워지기를 진심으로 바랍니다.

※ LDK : Living(거실), Dining(식사 공간), Kitchen(부엌)의 첫 글자를 딴 용어. 앞에 방의 개수에 해당하는 숫자를 붙여 표현한다.

Contents

PROLOGUE   2
공간이 달라지면 그곳에 사는 사람도 달라집니다

시니어 리모델링의 목적. 01   8
'지금'의 생활에 맞추어 집의 사용법을 재고한다

시니어 리모델링의 목적. 02   10
노후까지 안전하고 쾌적하게 지낼 수 있는 집을 만든다

시니어 리모델링의 목적. 03   12
집안일 효율을 높이고 저절로 정리되는 구조를 만든다

시니어 리모델링의 목적. 04   14
즐겁고 충실한 삶을 돕는 집으로 만든다

🏠 시니어 리모델링의 실례

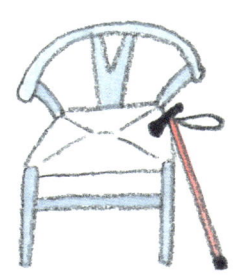

Renovation 1 집안일을 쾌적하게 만든다

세탁을 쾌적하게	18
요리를 쾌적하게	24
주방 형태를 결정할 때 중요한 점	29
청소를 쾌적하게	30

Renovation 2 몸이 편한 집으로 만든다

이동을 편하게	34
채광·통풍	40
따뜻하고 시원하게	46
더위·추위 대책의 핵심은 '창문' 단열 리모델링	50

Renovation 3 저절로 정리되는 집을 만든다

사용하는 장소에 수납한다	54
수납력을 높인다	58
잘 보이게 만든다	62
지정석을 만든다	66

Renovation 4   부부의 스트레스를 줄인다

자기만의 공간을 만든다	70
몸단장을 원활하게	74
침실을 나눈다	78
COLUMN 반려동물과 행복하게 살 수 있는 집을 만든다	80

Renovation 5   취향과 취미를 중시한다

취미를 즐긴다	84
소중한 물건의 자리를 만든다	88
자신의 취향을 중시한다	92

Renovation 6   노후를 마음 편히 지낸다

간병 생활에 대비한다	98
2대가 함께 산다	100
COLUMN 배리어 프리 리모델링의 포인트	102

Renovation 7   개방감을 유지하며 프라이버시를 지킨다

시선을 차단한다	106
정원으로 에워싼다	108
현관문을 숨긴다	110

Renovation 8   자연을 느끼며 산다

창 밖의 경치	114
정원 가꾸기	118

Renovation 9   초대하기 좋은 집으로 만든다

아늑한 거실	122
생활감을 드러내지 않는다	126
손님방 만드는 법	128
COLUMN 1인 가구의 리모델링 포인트	130

Renovation 10   리모델링의 문제를 해결한다

좁다	134
벽·기둥을 철거할 수 없다	136
설비를 숨기고 싶다	138
COLUMN 옛집의 추억을 리모델링에 남긴다	140

실패 없는 시니어 리모델링을 위한 Q & A	141
이 책에 소개한 주택 리스트	152

시니어 리모델링의 목적
01

'지금'의 생활에 맞추어
집의 사용법을 재고한다

가족의 형태는 변합니다. 아이가 자립해 집을 떠나거나, 일하느라 항상 집을 비우던 사람이 계속 집에 머물거나, 노부모와 함께 살게 되거나, 가족을 떠나보내고 혼자가 되기도 합니다.

일이 생활의 중심이던 시절이나 육아에 쫓기던 시절에 살기 좋았던 집이 지금도 살기 좋은 집이라고는 할 수 없습니다. '일을 그만두고 집에 있게 되니 있을 자리가 없다'는 사람도 있습니다. '부부가 함께 보내는 시간이 길어져 조금 답답하게 느껴진다'는 사람도 있습니다. 가족 구성과 라이프 스타일의 변화에 맞춰 집도 바뀌어야 합니다.

중요한 것은 '지금'입니다. 일이나 육아에 쫓기던 생활을 마무리하고, 마침내 자기 시간을 즐기고 소중히 할 수 있는 때가 온 것입니다. 현재 여러분의 라이프 스타일에 맞는 평면을 생각해 보기 바랍니다.

비어 있는 자녀의 방을 다른 용도로 활용해보세요. 그것 하나만으로도 삶이 달라집니다. 계단을 오르내리는 횟수가 줄면 생활이 편해질 뿐만 아니라 체력적인 부담도 줄어듭니다. 리모델링으로 불편함이 해소되고 일상생활이 쾌적해지면 기분이 좋아질 것입니다. 밝아진 마음으로 이전보다 취미와 공부에 몰두할 수 있게 될 거예요.

인테리어는 인생을 풍요롭게 만들기 위한 수단입니다.

시니어 리모델링의 목적

02

노후까지 안전하고 쾌적하게 지낼 수 있는 집을 만든다

집에서 지내는 시간이 길어지면 실내 환경이 매우 중요해집니다. 추위나 더위, 어둠, 소음 등으로 인한 불편을 참다 보면 스트레스를 안고 살게 되지요. 결국 몸과 마음의 컨디션이 나빠질 수밖에 없습니다.

더불어 리모델링으로 추위와 더위를 개선하면 낮에는 집 안에서 느긋하게 움직일 수 있고 밤에는 숙면을 취할 수 있습니다. 낮에도 불을 켜야만 생활할 수 있었던 집에 온종일 빛이 들어오면 저절로 행복해집니다.

소음 때문에 불안정한 생활을 하다가 리모델링으로 소음을 차단하면 스트레스가 사라집니다. '집이 불편해서 가능하면 외출하려고 했다'던 사람이 리모델링을 한 후 '집에서 지내는 시간이 가장 즐거워졌다'고 말합니다. '집에 손님을 초대할 수 있으니 내가 나가지 않아도 되고 편해졌다'고 말하는 사람도 있습니다.

리모델링을 할 때는 지금의 상황뿐만 아니라 10년 후, 20년 후의 생활까지 생각해야 합니다. 미래에 혹시 간병이 필요하게 되었을 때, 환자에게도, 간병하는 사람에게도 좋은 집으로 만들어 두면 안심하고 지낼 수 있습니다.

시니어 리모델링의 목적
03

집안일 효율을 높이고
저절로 정리되는 구조를 만든다

합리적인 평면과 동선에 따라 삶이 크게 달라집니다.

집안일을 하면서 매일 느끼는 불편함을 대수롭지 않게 생각할 수도 있습니다. 하지만 사소한 시간 낭비도 쌓이면 긴 시간의 낭비가 됩니다. 어수선한 집안을 보며 늘 '정리해야 하는데'라고 생각하며 사는 것이 큰 스트레스인 경우도 많습니다.

그런 집도 리모델링을 통해 꼬인 동선을 수정하거나 동선에 맞는 장소에 필요한 수납 공간을 만들면 집안일에 들이는 시간과 노력을 크게 줄일 수 있습니다.

동선과 수납을 정리한 새로운 집에 살게 된 후 "그동안 얼마나 살기 힘든 집에서 참고 살았는지 깨달았다"라고 말하는 분이 많습니다.

집안일이 수월해지면 시간에 여유가 생기고, 지금까지 그저 '해치우는' 것에 불과했던 집안일을 즐길 수 있게 됩니다. 그전까지 집안일에 별 관심이 없던 가족도 자연스레 함께 하게 되지요. 정리정돈에 쫓기지 않으면 스트레스에서 해방될 뿐만 아니라 시간과 마음에 여유가 생깁니다. 비로소 하고 싶은 일을 차분하게 마주할 수 있게 되는 것이지요.

집이 만족스러워지면 그 사람의 성격까지 변합니다. 신기하게도 자신감 넘치는 사람이 되고 멋있어집니다.

시니어 리모델링의 목적

04

즐겁고 충실한 삶을
돕는 집으로 만든다

큰맘 먹고 하는 리모델링이니만큼 단순히 '생활이 쾌적해졌다'는 느낌만 주어서는 곤란합니다. 삶이 '즐거워졌다'거나 '풍요로워졌다'는 생각을 할 수 있도록 만들면 좋겠습니다.

은퇴 후에는 시간적 여유가 생겨 손님을 초대하고 싶어지는 경우도 많습니다. 자녀들이 결혼 상대를 데리고 오거나 손자와 함께 놀러 오기도 하지요. 언제든 손님을 맞을 수 있는 집으로 만들면 스트레스 없이 친구나 가족과의 시간을 여유롭게 즐길 수 있습니다.

멋진 미술품이나 추억의 물건이 있어도 둘 곳이 없는 집이 있습니다. 물건이 너무 많다 보니 서로 어울리지 않는다는 이유로 박스에 넣어 두고 사는 집도 있지요. 리모델링으로 수납 공간을 충실하게 만들어 잡다한 물건들을 깔끔하게 정리하면 즐거운 마음으로 집안을 꾸밀 수 있습니다. 아름다운 가구가 더욱 매력적으로 보이게 되지요. 집안 어느 곳에서든 자연스럽게 녹색 정원이나 관엽식물을 볼 수 있다면 매일 평온한 마음으로 지내는데 큰 도움이 됩니다.

좋아하는 것만 보며 사는 삶은 행복합니다.

리모델링을 통해 삶의 질을 바꿀 수 있습니다.

인생에서 소중히 여기는 것들을 마음껏 누리며 살 수 있는 집을 만들어보기 바랍니다.

시니어 리모델링의
실례

Renovation 1 | 집안일을 쾌적하게 만든다

'식사 준비와 설거지, 빨래와 청소를 하느라 녹초가 된다'고 느낀다면 집에 그 원인이 있을지도 모릅니다. 쓸데없이 긴 동선이나 복잡한 레이아웃 탓에 효율이 떨어지는 건 아닌가요? 리모델링을 통해 집안일의 부담을 드라마틱하게 줄일 수 있습니다. 매일 반복하는 집안일이지만 효율적으로 하면 시간적 여유가 생깁니다.

(오카다 주택)

• 세탁을 쾌적하게

빨래 → 건조 → 수납의 동선을 짧게

세탁 작업은 옷을 빨고, 말리고, 개고, 수납할 때마다 이곳저곳 장소를 옮겨 다니게 됩니다. 따라서 각각의 동선을 짧게 만든다면 이동 거리가 줄어 편하게 일할 수 있습니다. 실내 건조가 가능한 구조로 만들면 비 오는 날이나 밤에도 걱정 없이 빨래할 수 있어 삶이 쾌적해집니다.

• 요리를 쾌적하게

비행기 조종석(콕핏 cockpit) 같은 주방

재료를 꺼내고 씻고 자르고 조리하고 배식하고 쓰레기를 정리하는 일련의 작업 흐름에 맞춰 주방의 레이아웃을 만듭니다. 이동하지 않고 손만 뻗으면 원하는 것이 손에 잡히도록 배치하면 요리 시간을 단축할 수 있습니다.

(후나토 주택)

(다치하라 주택)

• 청소를 쾌적하게

편리한 시스템을 만든다

청소가 귀찮은 이유는 청소 도구를 넣고 빼기 어렵고, 청소기를 옮기는 게 힘들기 때문. 손이 잘 닿는 곳에 청소기를 수납하고, 이동이 편리한 충전식 제품이나 가벼운 제품으로 바꾸면 청소가 부담스럽게 느껴지지 않습니다. 집을 항상 깨끗하게 유지할 수 있답니다.

세탁을 쾌적하게

'빨래 → 수납'을 한곳에서 해결하면 쾌적

젖은 세탁물을 담은 무거운 바구니를 들고 마당이나 2층 베란다까지 가는 일은 체력적으로 힘든 일입니다. 게다가 빨래가 마르면 걷으러 가야하고, 거실에서 개고, 옷장에 넣어야 하지요. 이런 작업을 한 장소에서 해결한다면 매일의 '세탁 피로'가 줄어듭니다.

세면실을 넓게 만들어 실내 건조대, 옷을 갤 수 있는 넓이의 카운터, 옷장을 한 곳에 설치하면 세탁 과정을 모두 여기서 마칠 수 있습니다.

(우라사키 주택)

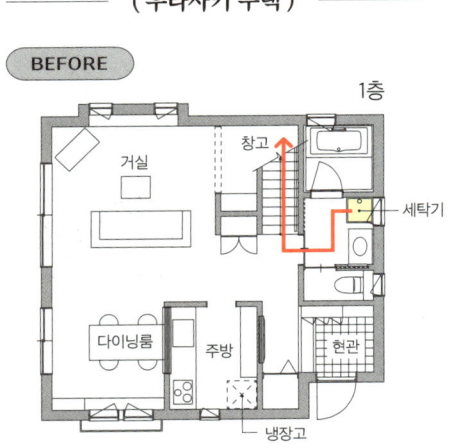

BEFORE 1층

건조는 2층 베란다에서. 세탁기가 1층 세면실에 있어서 계단을 오르내려야 했다.

↓

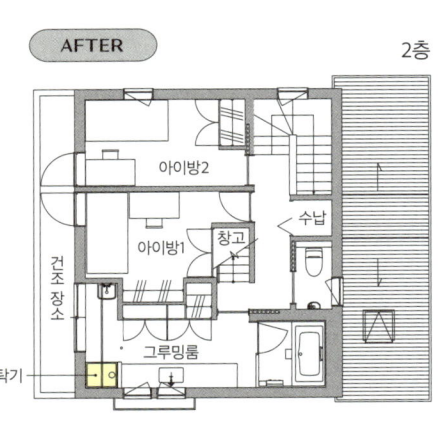

AFTER 2층

2층에 넓은 세면실을 만들고 옷장도 설치. 빨래 → 건조 → 수납을 한곳에서 해결.

볕이 좋은 2층에 만든 세면실 겸 세탁실. 말린 세탁물은 오른쪽 옷장에 바로 수납한다.

(다나베 주택)

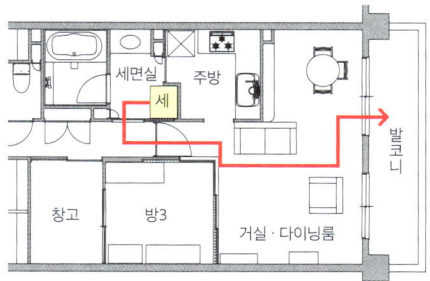

세탁기가 세면실에 있어서 거실을 지나 발코니로 빨래를 옮겨야 했다.

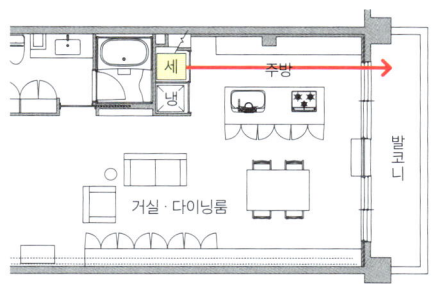

세탁기를 주방에 설치. 거실을 지나갈 필요가 없어 발코니까지의 동선이 짧아졌다.

세제와 옷걸이 등을 수납할 수 있는 선반이 있고 위쪽 봉에는 세탁물을 잠시 걸어둘 수 있다.

세탁기와 건조 장소가 가까우면 집안일이 쉬워진다

세탁기가 반드시 세면실에 있어야 좋은 것은 아닙니다. 세탁기에서 건조 장소까지의 거리가 멀다면 다른 곳에 세탁기를 두는 방법도 검토해보세요. 예컨대 주방의 경우, 배관 등의 조건이 갖추어져 있으므로 세탁기를 두기 좋습니다. 건조 장소와 가깝다면 주방에 세탁기를 두는 것도 추천합니다. 행거류를 수납할 공간과 세탁물을 잠시 걸어둘 수 있는 봉을 설치하면 편리합니다.

(다치하라 주택)

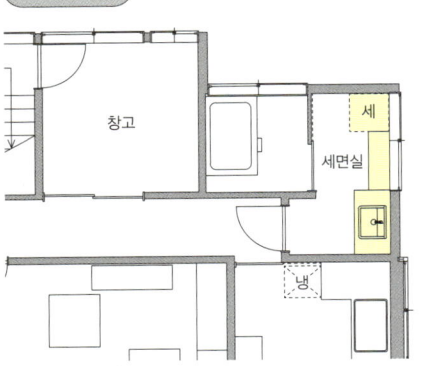

BEFORE

세면실 안에 세탁기가 있어서 복잡하고 사용하기 불편했다.

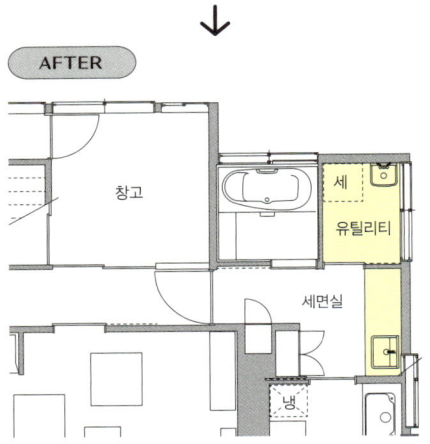

AFTER

주방을 콤팩트하게 줄이고 세면 카운터를 넓게. 세면실 옆에 세탁실을 만들었다.

볕이 잘 들어 빨래가 잘 마른다. 바로 앞에 청소 도구도 수납할 수 있다.

세탁실을 나누면 세면실이 깔끔해진다

　공간에 여유가 있다면 세탁실을 만들도록 제안하기도 합니다. 세면실에서 세탁기를 빼내면 세면실을 넓게 사용할 수 있고 호텔처럼 깔끔한 세면실로 만들 수 있습니다.

　세탁실 천장에는 봉을 설치해 빨래를 널 수 있도록 만듭니다. 손빨래를 할 수 있는 싱크대와 빨래를 개거나 다림질할 수 있는 카운터를 설치하면 더욱 편리해집니다. 세탁실은 창이 있고 볕이 잘 드는 곳에 만듭니다.

세면실 옆에 만든 세탁실. 문을 닫으면 생활감을 느낄 수 없는 깔끔한 공간이 된다.

건조기만 설치해도
집안일이 드라마틱하게 바뀐다

'빨래는 햇볕에 말리고 싶다'는 분도 있지만, 바쁜 분이나 시니어 분에게는 의류 건조기 설치도 적극적으로 권하고 있습니다. 말릴 장소가 없어도 되고 날씨를 신경 쓰지 않고 세탁할 수 있습니다.

무엇보다 말리는 수고를 하지 않아도 되므로 시간이 절약되어 무척 편합니다. 가스 건조기는 전기제품보다 시간이 짧게 걸리며, 수건은 밖에서 말릴 때보다 더 보송하게 건조됩니다.

의류 건조기는 세탁기 위에 설치하는 것이 일반적. 벽에 배습관 설치 공사를 해야 한다. (고미야 주택)

COLUMN

봉이나 빨랫줄 하나만 있어도
세탁이 쾌적해진다

리모델링을 할 때면 반드시 세탁물의 '임시 건조 장소'를 만들자고 제안합니다. 외부 건조 장소로 옮기기 전에 옷걸이에 옷을 걸 장소가 있으면 바깥에 있는 시간을 줄일 수 있습니다. 걷은 빨래를 잠시 걸어두기도 하고 비 오는 날에는 여기서 빨래를 말리기도 합니다.

빨랫줄

빨랫줄이 벽 안으로 들어가는 '브래킷 타입'. 필요할 때만 빼낼 수 있다.

천장 봉

천장 & 벽에 설치

(좌) 천장에 고정된 건조봉.
(우) 위쪽은 천장에 매단 링에 건조대를 끼운 것. 아래쪽은 벽의 브래킷을 앞으로 잡아당겨 걸었다. 양지바른 곳에 설치.

건조장 옆에 옷장이 있어 그 자리에서 빨래를 개고 수납까지 할 수 있다.

세탁기에서 건조장까지의 동선이 짧으면 세탁이 편해진다.

(요시이 주택)

세탁기가 건조장과 멀리 있고, 옷장은 2층에 있어 ❶ 세탁 → ❷ 건조 → ❸ 수납의 동선이 길었다.

↓

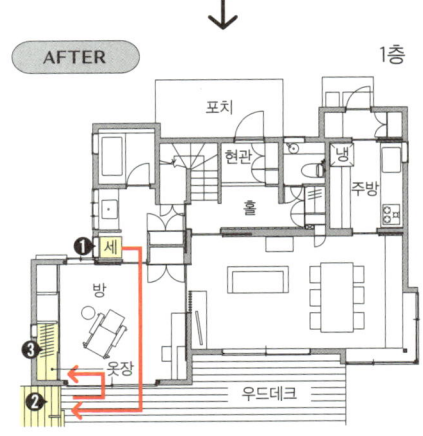

화장실을 옮겨 세탁기를 건조장 가까이에 두었고 옷장을 건조장 근처에 설치했다.

건조장과 옷장이 가까이 있으면 이동 거리가 훨씬 짧아진다

옷장은 침실에 두는 경우가 많습니다. 그러나 옷장과 건조장의 거리가 멀면 '빨래를 걷어 수납하기까지'의 동선이 길어집니다. 침실과 옷장이 2층에 있으면 빨래를 운반하기 귀찮아져 '일단 주변에 쌓아 두자'는 마음이 들기 쉽습니다. 이를 해결하기 위해 옷장을 건조장 근처로 옮기는 방법도 있습니다.

다림질 전용 공간을 확보한다

다림질을 귀찮아하는 사람이 많을 것입니다. 하지만 집 안에 다림질 전용 공간이 있으면 일이 수월해져 구겨진 빨래 더미를 줄일 수 있습니다.

다림질 공간은 옷장 근처에 만드는 것이 최선이지만 '다이닝룸에서 다림질하고 싶다'는 분에게는 다이닝룸에 전용 공간을 만들도록 제안합니다. 다림질 장소 주변에는 다리미와 다리미판 등을 수납할 공간도 필요합니다.

18쪽의 세면실. 카운터가 넓어 다림질도 할 수 있다. (우라사키 주택)

다이닝룸 수납장 안에 만든 다리미판. 필요할 때만 꺼내 사용할 수 있다.

↓

사용하지 않을 때는 이렇게 수납한다. (아와즈 주택)

침실 입구에 만든 다림질 공간. 옷장과 가까워 사용하기 편하다. (오카모토 주택)

뒤돌아서면 대부분의 물건이 손에 닿는 주방. 뒷면 카운터에는 가전제품을 놓았다.

요리를 쾌적하게

주방을 콤팩트하게 만들면 능률이 오른다

시니어를 위해서도 젊은 사람을 위해서도 콤팩트한 주방이 편하다는 데는 이견이 없을 듯합니다. 여기저기 이동하지 않아도 손만 뻗으면 필요한 것이 손에 닿는 주방으로 만들어 보세요. 요리와 정리가 빨리 끝나고, 피곤해서 녹초가 되는 일도 없습니다.

왼쪽 사진과 같은 '1열형' 주방의 경우, 주방과 뒷면 수납장의 간격은 75~85센티 정도를 추천합니다. (주방의 종류는 29쪽 참조). 콤팩트하지만 수납 공간은 넉넉한 것이 비결입니다.

(다치하라 주택)

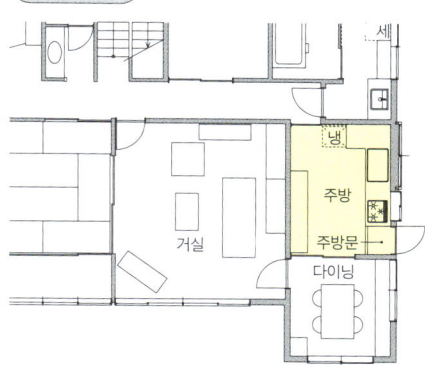

혼자 사용하기에는 주방이 넓었고 요리와 정리에 시간이 많이 걸렸다.

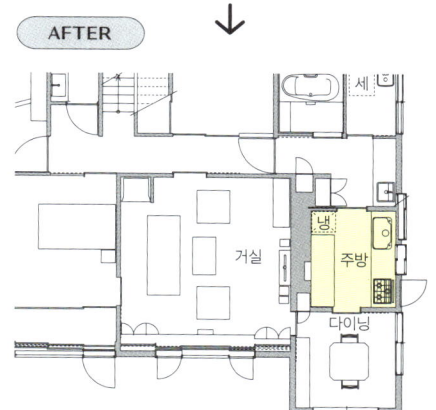

싱크대에서 뒤돌아서면 냉장고가 바로 손에 닿는다. 주방의 폭과 안길이를 좁게 만들어 요리를 빨리 할 수 있다.

뒷면 카운터 위에 오픈 선반을 설치해 좋아하는 도구가 보이도록 수납.

주방과 식탁은
분리해야 쾌적하다

주방 한가운데에 식탁이 있는 '다이닝 주방'은 편리한 평면이라고 볼 수 없습니다. 식탁이 가운데 있으면 주방과 식기장 및 가전이 분리되어 요리와 정리 동선이 길어지기 때문입니다. 또한 주방에서 쓰는 물건을 무심코 식탁 위에 놓게 되어 쉽게 어질러지기도 합니다.

리모델링으로 주방을 분리시켰더니 차분하게 식사할 수 있는 다이닝룸이 되었다.

리모델링을 통해 주방을 독립시키고 뒷면에 식기장 겸 가전제품을 두는 카운터를 만들었다.

(시마다 주택)

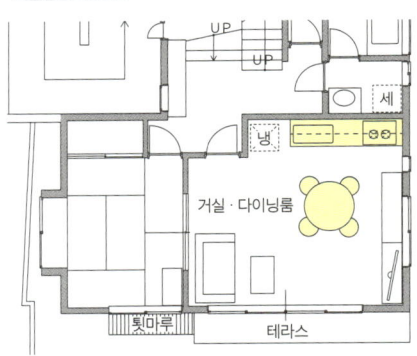

주방 안이 훤히 노출되었고, 식탁 위에는 항상 식재료와 그릇들이 놓여 있었다.

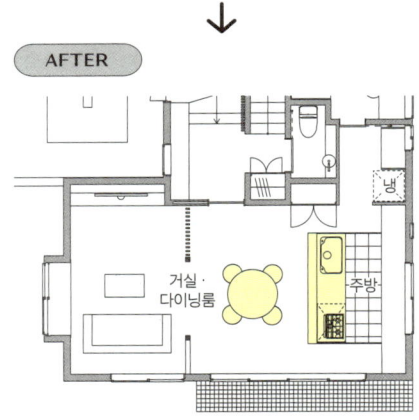

주방을 '대면형'으로 만들어 요리 중 이동 거리가 훨씬 짧아졌다.

폐쇄적인 주방을
부부가 함께 쓰는 공간으로

퇴직 후 부부가 함께 주방에서 일하는 경우가 늘었다는 분도 많고, 앞으로 자녀와 그 배우자, 도우미 등이 함께 주방을 사용할 수도 있습니다. 그럴 때 편리하도록 싱크대와 조리대를 병렬이 아니라 등을 맞대는 레이아웃의 주방이 되도록 제안합니다.

싱크대와 조리대의 위치를 비스듬히 어긋나게 함으로써 두 사람이 각자의 작업을 편리하게 할 수 있습니다.

아내의 희망대로 레인지 조리대를 다이닝룸 쪽으로. 뜨끈뜨끈한 요리를 바로 배식할 수 있다.

(우라사키 주택)

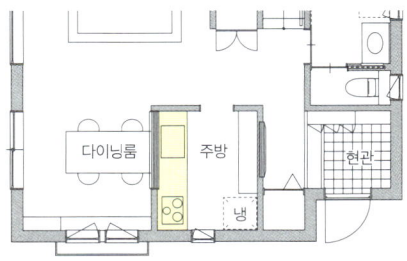

조리대와 싱크대가 나란히 있는 주방. 요리하는 사람이 한 명일 때 편하다.

↓

조리대와 싱크대를 분리시키고 주방을 회유 동선으로 만들어 두 사람일 때도 움직이기 편해졌다.

빌트인 식기세척기로 주방을 넓게 사용

뒷정리를 도와주는 식기세척기는 시니어나 바쁜 사람들에게 구세주와 같은 역할을 합니다. 하지만 거치형 식기세척기를 설치하면 조리대가 좁아져 불편해지는 경우가 많으므로 리모델링을 할 때는 빌트인 식기세척기를 추천합니다.

식기세척기를 싱크대 옆에 설치하면 애벌 세척해 바로 넣을 수 있습니다. 뒷면에 찬장을 설치하면 다 씻은 그릇을 정리하기 위해 이동할 필요가 없습니다.

프론트 오픈형

2~3단으로 식기를 수납할 수 있으므로 하루치 설거지를 모았다가 한꺼번에 할 수 있습니다. (히라야마 주택)

서랍형

1~2인 가구나 식사 때마다 설거지를 하고 싶은 사람에게 적당합니다. (쓰카하라 주택)

쓰레기통의 위치는 손을 뻗어 닿는 곳

주방을 설계할 때 쓰레기통의 위치는 상당히 중요합니다. 쓰레기통이 멀면 요리 중 이동 거리가 길어지고 조리대가 쉽게 어질러지기 때문입니다. 쓰레기통은 싱크대 근처에 두는 것이 가장 좋습니다. 식품을 포장지에서 꺼내고 씻고 자르는 등 밑손질 할 때 나오는 쓰레기를 그 자리에서 손만 뻗으면 버릴 수 있습니다. 싱크대 밑에 설치할 수 없는 경우에는 뒷면에 설치합니다.

싱크대 옆 아래쪽에 쓰레기통이 있다. 꺼낸 상태로 조리하면 더욱 편리. 안에서 뚜껑이 닫히는 구조. (우라사키 주택)

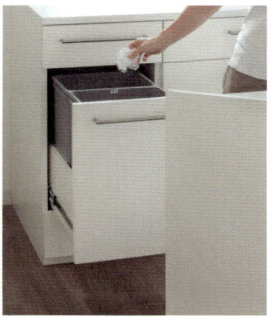

싱크대에서 뒤돌아서면 쓰레기통이 바로 손에 닿는다. (아오키 주택)

주방 형태를 결정할 때 중요한 점

다양한 형태의 주방이 있지만 아래의 세 가지 타입을 추천합니다.
통로가 넓지 않아 피곤을 덜 느끼며 일할 수 있다는 공통점이 있습니다.

▼ **LD와 일체감이 생긴다**

오픈 타입·I형

가장 많이 제안하는 것은 주방을 오픈해 다이닝룸과 마주 보게 만드는 '대면식' 주방. 벽이 없어 밝은 데다 다이닝룸에 있는 사람과 마주 보며 일할 수 있어 고립감이 없습니다. 앞쪽에 수납장을 짜고 가림막을 세우면 조리대 부분이 보이지 않아 안정감이 생깁니다.

▲ **오픈하고 싶지 않다면**

클로즈 타입·1열형

다이닝룸과 분리된 공간에서 차분하게 일하고 싶다면 주방만 독립시킨 클로즈 타입으로. 고립감이 들지 않도록 다이닝룸의 인기척을 느낄 수 있는 구조로 만든다.

◀ **둘이서 작업하고 싶다면**

오픈 타입·2열형

싱크대와 가스레인지를 나란히 두지 않고 마주 보도록 설치하는 '2열형'은 두 사람이 일할 때도 편리합니다. 다이닝룸 쪽으로 기름이 튀지 않도록 가스레인지를 안쪽에 두는 경우가 많습니다.

가스레인지가 다이닝룸 쪽   싱크대가 다이닝룸 쪽

청소를 쾌적하게

청소 도구가 손닿기 쉬운 곳에 있으면 귀차니즘이 사라진다

청소가 귀찮게 느껴진다면 청소기를 바꿔 보는 건 어떨까요? 충전해서 사용하는 '무선형' 청소기는 일일이 콘센트에 연결할 필요가 없고 이동하기 쉬워서 신체적인 부담이 줄어듭니다.

리모델링을 할 때는 자주 지나다니는 장소에 청소기 자리를 배정합니다. 문 달린 수납장 안의 벽면에 걸어두면 밖에서 보이지 않고 편리합니다. 거기에 바를 설치해 대걸레도 걸 수 있도록 만듭니다. 손이 잘 닿는 곳에 도구가 있으면 청소 횟수가 늘어나기 마련입니다.

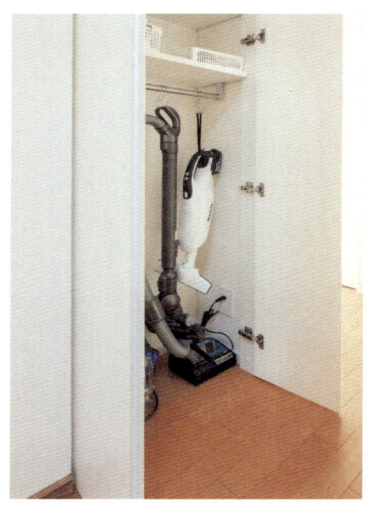

현관 근처의 수납장 안. 가로 방향으로 바를 설치해 청소기를 걸어둔다. 콘센트를 증설해 자전거 충전기 등도 이곳에 수납. (우라사키 주택)

세면실 근처에 있는 수납장 안. 청소기는 벽면에 설치한 충전기에 걸 수 있다. 핸디 청소기도 바에 걸어 수납. (다치하라 주택)

화장실의 세면볼 급배수관을 숨기기 위한 문. 바퀴로 움직일 수 있어 청소하기 쉽다. (사카모토 주택)

세면실 수납장. 맨 아래에는 선반널을 놓지 않았다. 수납장과 플로어 바닥이 이어져 있어 청소하기 쉽다. (이와사와 주택)

세면대 아래가 오픈되어 있어 청소하기 편하다. (사이토 주택)

청소기나 대걸레가 잘 들어가면 바닥을 깨끗하게 유지할 수 있다

세면실을 만들 때는 가능하면 세면대 아래를 오픈형으로 만듭니다. 의자를 사용할 수 있고 바구니와 체중계를 둘 수 있어 편리합니다. 청소기와 바닥 대걸레의 헤드가 잘 들어가 쓱쓱 쉽게 청소할 수 있다는 것도 장점입니다. 수납 공간을 설치할 때도 맨 아래 칸은 선반널을 놓지 않고 단차도 만들지 않습니다. 바닥과 이어져 청소할 수 있으므로 편리합니다. 청소하기 쉬운 집은 항상 청결을 유지할 수 있습니다.

Renovation 2 | 몸이 편한 집으로 만든다

시니어 세대가 리모델링을 하는 목적 중에는 '신체적인 부담을 줄이고 싶다'는 것이 큰 비중을 차지합니다.
'추위', '더위', '이동의 불편함', '어둠' 등의 문제가 해결되면 생활이 상상 이상으로 편안해져 활동적으로 지낼 수 있습니다. '더 빨리 리모델링을 할 걸 그랬다'라고 생각하는 경우가 많습니다.

(미야우치 주택)

(고미야 주택)

• 이동을 편하게

계단의 구조와 동선을 검토한다

계단을 하루에 몇 번이나 왕복하고 있습니까? 외출 준비를 하느라 다급하게 뛰어다니지는 않나요? 계단의 구조와 동선을 검토하면 이동이 편해지고 쓸데없는 움직임이 줄어들어 여러 가지 일을 쉽고 빠르게 해낼 수 있습니다. 잠시 앉을 수 있는 장소, 잠깐 물건을 둘 수 있는 장소를 만들면 놀라울 정도로 집이 쾌적해집니다.

• 채광·통풍

보이드로 만들거나 벽을 철거한다

어두운 장소가 여러 군데 있어서 낮에도 불을 켜야 하는 집이 적지 않습니다. 환기가 되지 않는 집은 습기와 냄새로 가득 차게 되지요. 2층 바닥을 터서 보이드 공간을 만들거나 벽을 철거해 빛과 바람이 들어오도록 하면 편안함의 차이가 눈에 띄게 달라집니다.

(오카자키 주택)

(아오키 주택)

• 따뜻하고 시원하게

단열재와 이중창으로 해결

겨울 추위나 한여름 더위를 참고 살고 있다면 리모델링을 꼭 고려해보세요. 창문에 이너 새시를 설치하거나 바닥과 벽, 천장에 단열재를 넣으면 추위와 더위를 해결할 수 있습니다. 겨울을 따뜻하게, 여름을 시원하게 지낼 수 있으면 집에 있는 시간이 더 즐거워집니다.

이동을 편하게

평면을 변경해 계단 이용 횟수를 줄인다

시니어 세대가 계단 있는 집에 살고 있다면 계단을 오르내리는 횟수가 최대한 줄어들 수 있도록 리모델링합니다. 특히 하루를 마감하며 잘 준비를 할 때 몇 번이나 계단을 오르내려야 한다면 무척 번거롭습니다.

침실과 세면실, 화장실, 욕실이 다른 층에 있는 경우에 같은 층으로 모아 배치하면 생각보다 훨씬 생활이 쾌적해집니다. 한밤중에 일어나 화장실을 이용할 때도 안심할 수 있고 히트 쇼크(Heat shock, 급격한 온도 변화로 인해 혈압이 급격하게 변하여 신체에 악영향을 미치는 현상)도 방지할 수 있습니다.

미닫이문을 닫으면 현관홀과 침실·욕실 공간을 나눌 수 있어 덜 춥다. 복도 안쪽에 보이는 것은 축열 난방기. 겨울에도 종일 따뜻하다.

2층에서 1층으로 옮긴 침실. 세면실과 침실이 가까워 지내기 편안하다.

세면실 옆에 화장실이 있다. 침실과도 가까워 밤중에 화장실 가기 편하다.

(고미야 주택)

BEFORE

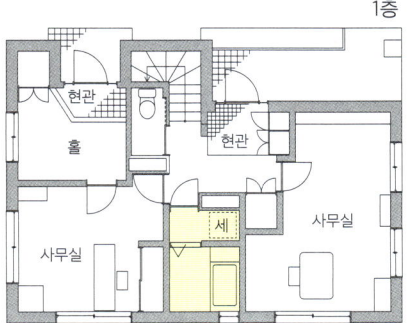

욕실과 세면실은 1층, 침실은 2층으로 분리되어 있어서 특히 아침과 밤에 계단을 오르내리는 일이 많았다.

↓

AFTER

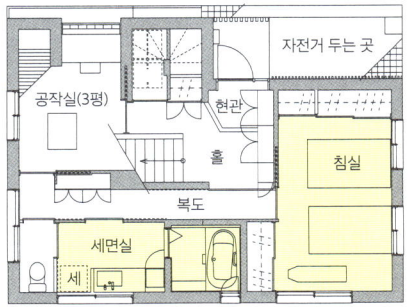

욕실, 세면실, 침실을 1층으로 한자리에 모아 계단을 오르내리는 횟수를 줄였다.

침실 안에 있는 드레스룸. 아내의 의류를 수납하고 있다.

침실 옆에 세면실이 있어 아침 몸 단장하기 편리하다.

한자리에서 몸단장을 하면 시간적 여유가 생긴다

아파트의 경우에도 침실과 옷장, 세면실 같은 '몸단장 공간'을 한곳에 모으면 생활이 훨씬 편해집니다. 침실에서 세면실로 갈 때 복도를 지나야 하는 구조라면 잠옷 차림으로 집안을 돌아다녀야 합니다.

아침에 일어나 환복과 세면, 메이크업을 가까운 곳에서 마칠 수 있다면 호텔처럼 쾌적하게 지낼 수 있습니다. 외출 준비 시간도 짧아집니다.

(고타케 주택)

BEFORE

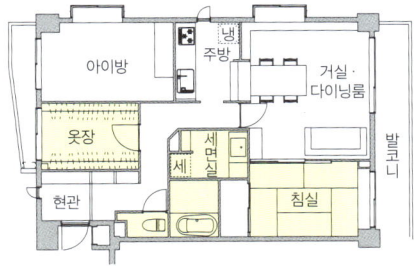

다다미방 형식의 침실은 세면실이나 화장실, 의류를 수납하는 창고방까지의 동선이 멀었다.

AFTER

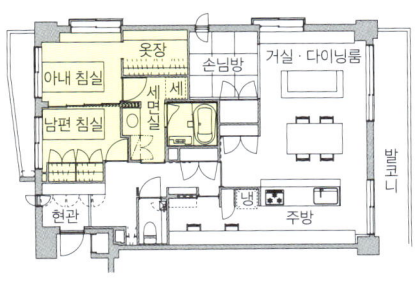

침실(아내 쪽)이 세면실과 붙어 있고 각자의 침대 옆에 옷장이 있다.

침실 창가에 카운터를 만들고 그 일부를 화장대로.

현관에 앉을 수 있는 자리와 난간이 있으면 신발 벗기가 훨씬 편하다. (하라 주택)

침실이 거실에 비해 한 단 높다. 잠시 앉았다 이동할 수 있어 몸이 편하다. (사이토 주택)

난간이나 의자가 있으면 다음 동작이 편해진다

시니어 세대가 항상 조심해야 하는 것이 다음 동작으로 넘어갈 때입니다. 갑자기 일어서면 허리를 다치거나 넘어질 우려가 있습니다. 리모델링을 통해 '앉을 자리'를 만들면 안정적이고 쉽게 다음 동작을 할 수 있습니다.

예컨대 누웠다가 일어날 때, 신발을 신을 때나 벗을 때, '앉을 자리'가 있으면 쉽게 일어나 준비할 수 있습니다. 앉는 장소에는 난간도 반드시 설치합니다.

다다미방 밑에 서랍식 수납 공간을 만들어 다른 계절에 쓰는 이불과 손님용 이불을 수납한다. (사이토 주택)

손만 뻗으면 되는 쾌적함

하루에도 여러 번 쓰는 물건, 작지만 걸리적거리는 물건을 어디에 두어야 할지 곤란할 때가 있습니다. 손이 닿는 곳에 작은 받침대가 있으면 생각보다 훨씬 생활이 편해집니다.

예컨대 침대 옆에는 안경이나 스마트폰 등을 둘 곳이 필요합니다. 나이트 테이블을 두어도 좋지만 침대를 정리할 때 방해가 될 수 있습니다. 이럴 때 안길이가 얕은 카운터를 벽에 설치하면 매번 침대에서 일어날 필요가 없습니다.

다이닝룸에도 창가에 작은 카운터가 있으면 식탁 위에 물건을 쌓아두지 않게 됩니다.

작은 카운터는 공사를 하지 않고도 직접 달 수 있습니다.

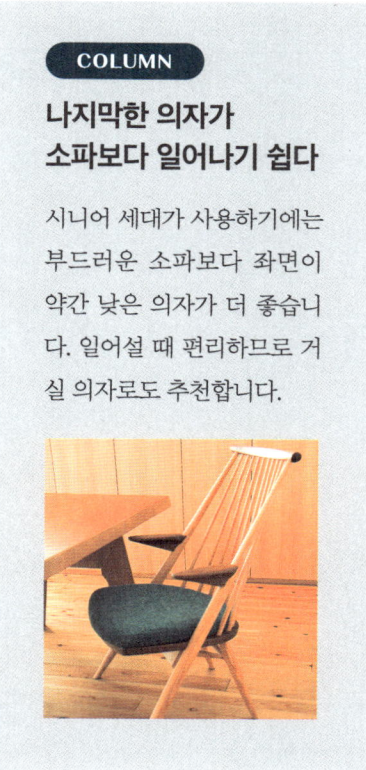

COLUMN

나지막한 의자가 소파보다 일어나기 쉽다

시니어 세대가 사용하기에는 부드러운 소파보다 좌면이 약간 낮은 의자가 더 좋습니다. 일어설 때 편리하므로 거실 의자로도 추천합니다.

현관 우체통으로 들어온 신문이나 우편물을 받을 수 있는 작은 받침대. 손쉽게 잡을 수 있다. (야마모토 주택)

침대 옆 벽에 홈을 파서 스마트폰이나 안경 등 작은 물건을 둘 수 있도록 만들었다. (우라사키 주택)

다이닝룸의 창틀 아랫부분을 조금 넓게 만들어 카운터로 활용. 작은 물건을 둘 수 있어 편리. (다치하라 주택)

채광·통풍

보이드로 만들면
1층에도 빛이 들어온다

이웃집이 가까이 붙어 있으면 아래층 거실에 빛이 잘 들지 않을 수 있습니다. 그럴 때는 과감히 2층 바닥을 걷어내고 보이드 공간을 만들도록 제안합니다.

높은 위치에 창을 내면 집 안쪽까지 자연광이 들어와 집 전체가 밝아집니다. 통풍이 잘 되고 개방적인 공간을 만드는 효과도 있습니다.

2층 방의 보이드 쪽 작은 창을 열면 가족의 인기척을 느끼며 지낼 수 있습니다. 거실이 어둡고 자녀들이 독립해 2층 방이 남는다면 추천합니다.

(다치하라 주택)

BEFORE

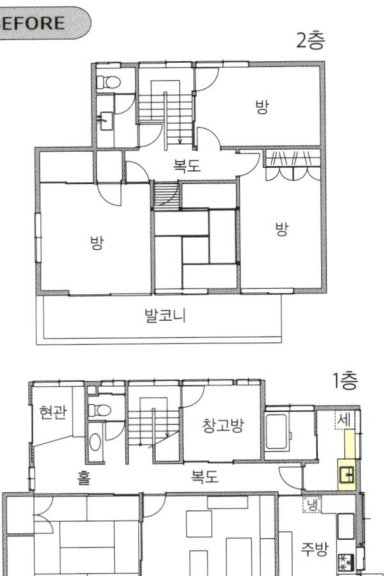

1층 거실에 채광이 좋지 않고 통풍이 잘 되지 않았다.

↓

AFTER

※ 앵글 브레이스 : 각도 변형을 막기 위해 수직재와 수평재가 만나는 구석 부분에 비스듬히 대어 고정시키는 가로 재목 - 옮긴이

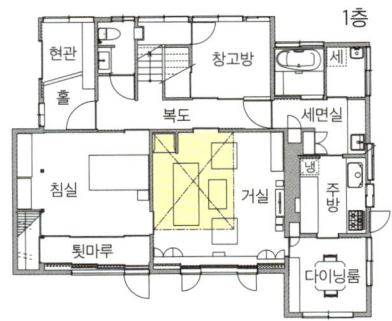

거실 위에 있던 2평 남짓한 방을 없애고 보이드 공간을 만들어 밝고 개방적으로.

보이드를 만들어 집 구석구석까지 자연광이 비쳐든다.

온종일 빛이 들어오는 거실.
천장이 높아 개방적이고 기분 좋게 지낼 수 있다.

빛이 들어오는 LDK. 주방을 오픈해 요리하는 사람의 얼굴을 볼 수 있다.

벽을 없애 빛과 바람을 들인다

채광 문제로 고민인 집이 많습니다. 낮에도 어두워 불을 켜고 지내는 경우가 많은데, 원인은 거실을 막고 있는 벽 때문입니다. 햇빛이 들어오는 각도에 따라 벽 그림자의 범위가 달라지는데, 그림자가 드리우는 부분은 어둡고 겨울에 춥습니다.

"어쩔 수 없다"라고 포기하는 사람도 많지만 해결책이 있습니다. 이를테면 바깥을 향해 난 방과 어두운 공간이 연결되어 있는 경우, 사이의 벽을 제거해 하나로 이어지는 넓은 방으로 만드는 것이죠.

2룸 혹은 3룸이었던 곳을 하나의 큰 LDK로 만들면 가족이 모이는 장소가 개방적이고 환해집니다.

(고다케 주택)

BEFORE

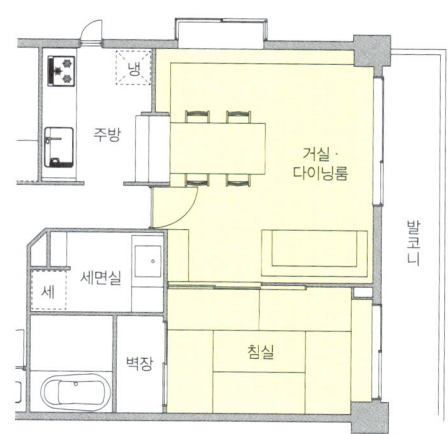

남쪽에 면해 있는 2개의 방(다이닝룸과 다다미방) 사이에 벽이 있었다.

AFTER

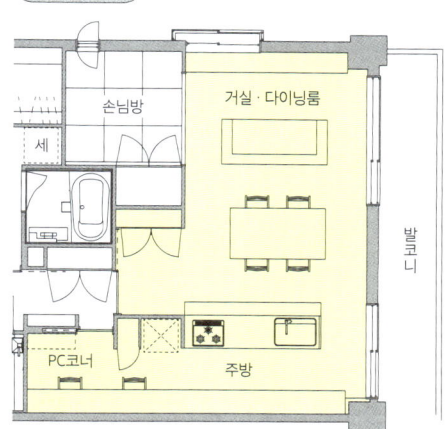

벽을 철거하고 주방을 옮겨 하나로 이어지는 LDK로 만들었다. 빛이 구석구석 닿아 환하고 기분 좋은 공간.

다이닝룸에서 큰 화면의 TV를 볼 수 있다.

벽으로 향해 있던 주방을 오픈하여 환하게

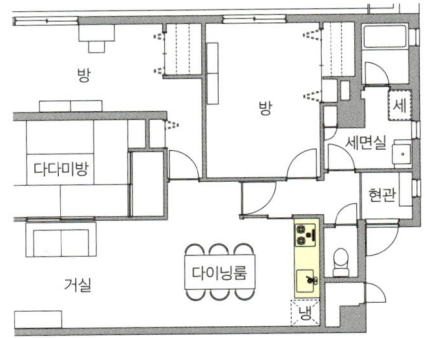

건축 연수가 오래된 집의 주방은 싱크대와 조리대가 벽 쪽을 향해 있는 경우가 많습니다.

주위가 어두워 낮에도 전등을 켜야 할 때가 많고, 벽을 보고 작업하기 때문에 요리하는 사람이 고립되기 쉽습니다. 이럴 때는 리모델링으로 주방의 방향을 바꿔보세요. 다이닝룸을 보며 작업할 수 있는 '대면형' 주방을 추천합니다. 다이닝룸과 하나로 연결하면 밝고 개방감 있는 공간이 만들어지고, 가족과 얼굴을 마주보고 대화하며 작업할 수 있습니다.

다이닝룸 쪽의 벽을 조리대보다 조금 높게 세우면 요리하는 손이 다이닝룸에서는 보이지 않습니다.

(야마모토 주택)

BEFORE

주방이 고립되어 빛이 들어오지 않았기 때문에 낮에도 전등을 켜야했다.

AFTER

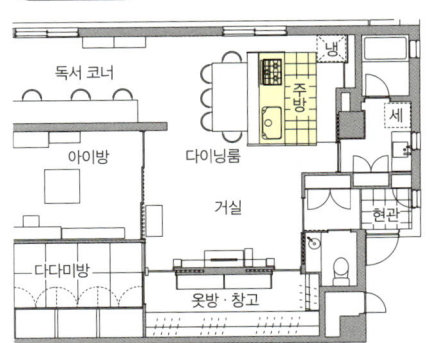

주방의 방향을 바꾸어 다이닝룸에 있는 가족의 모습을 보며 요리할 수 있다.

자연광이 가득 들어오는 환한 주방과 다이닝룸. 요리하는 사람의 얼굴은 보이지만 손은 보이지 않는다.

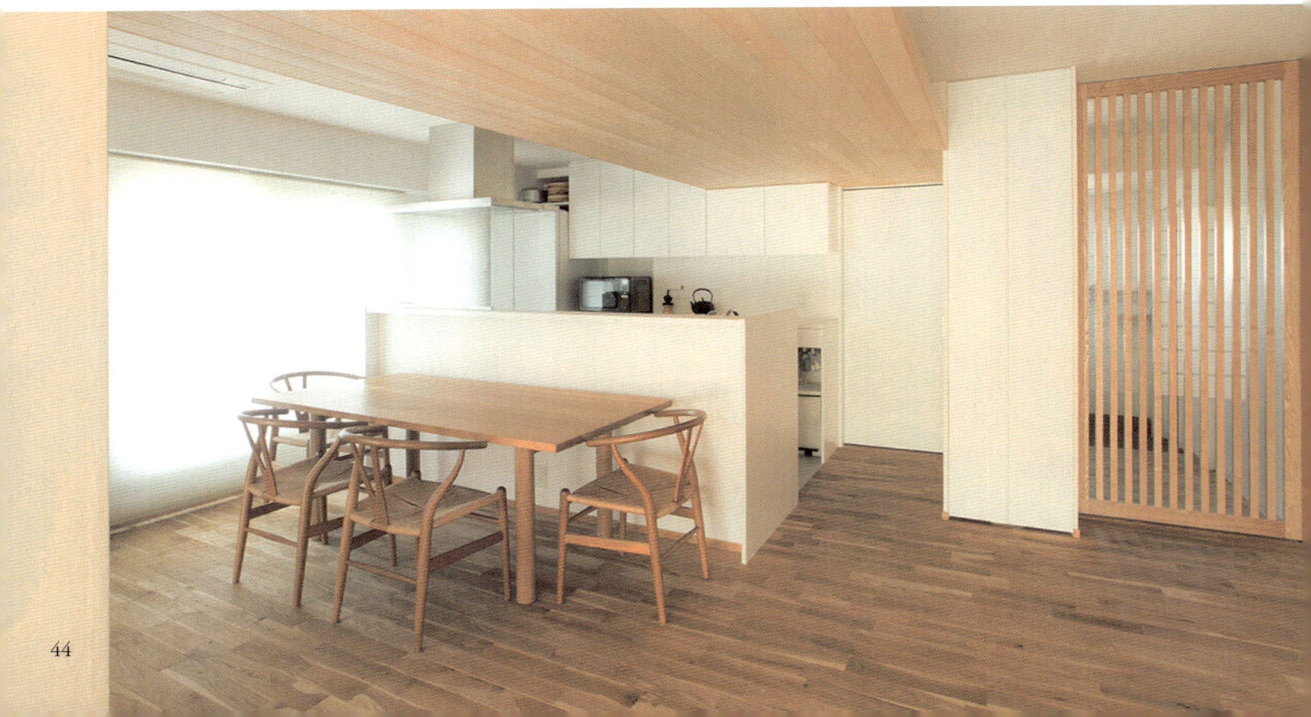

리모델링으로 2개의 방문을 장지문으로. 닫은 상태에서도 부드럽게 빛이 들어온다.

루버와 장지문으로 칸막이하여 채광을 확보

칸막이가 필요한 상황에서 채광을 확보하고 싶다면 루버나 장지문을 활용합니다. 루버는 벽이나 문과는 달리 빛을 받아들이면서 느슨하게 공간을 구분할 수 있는 것이 특징입니다.

루버나 장지문에는 안쪽에 있는 물건을 흐릿하게 보이도록 하는 효과도 있으므로 적나라하게 노출하고 싶지 않은 공간 앞에 설치하는 것도 좋은 방법입니다.

왼쪽이 침실, 오른쪽이 아이방이다.

복도와 LDK를 구분하는 유리문을 루버로. 빛을 받아들이면서 안쪽의 모습을 흐릿하게 만드는 효과가 있다.

따뜻하고 시원하게

추위의 원인이던 현관에서 주방으로 이어지는 중간 복도를 없앤 사례. 대신 수납 공간으로 바꿨다.

복도를 없애면 '추운 곳'이 사라진다

단독주택은 일반적으로 2층에 비해 1층이 춥습니다.

1층은 볕이 잘 들지 않고 바닥 밑에서 나오는 냉기의 영향을 받기 때문이지요. 따뜻한 공기는 위로, 차가운 공기는 아래로 흐르는 공기의 성질도 추위의 원인입니다.

추위를 개선하기 위해서는 바닥 밑에 단열재를 넣거나 창 유리를 이중으로 만들어 집 전체의 단열 성능을 높이는 것이 중요한데, '복도를 없애는' 방법도 추천합니다.

복도가 있으면 차가운 공기(바람)의 통로가 생깁니다. 게다가 2층으로 올라가는 계단까지 있으면 따뜻한 공기가 위로 달아나 버리지요. 복도를 없애면 거실을 넓히거나 수납 공간을 늘릴 수 있습니다. 실내 온도 차가 줄기 때문에 히트 쇼크도 예방할 수 있습니다.

(사카모토 주택)

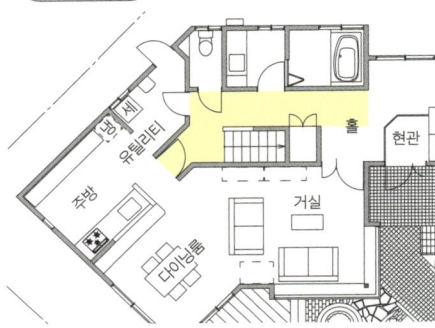

현관에서 주방까지 긴 복도가 이어져 있어 바람의 통로가 생겼다. 따뜻한 기운은 계단을 통해 위층으로 달아났다.

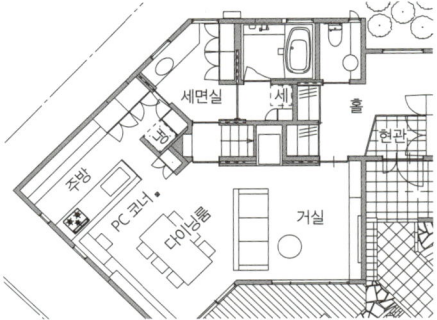

복도를 없애고 현관에 큰 수납장을 설치. 추위를 막을 수 있고 세면실도 넓어졌다.

창문을 줄여
덜 춥고 덜 덥게

창문은 클수록 좋다고 생각하는 분들이 많습니다. 빛이 많이 들어오니 밝고 따뜻해진다고 생각하는 것이죠. 하지만 창문은 집안에서 열을 가장 많이 빼앗아가는 곳이기도 합니다. 창문이 너무 크면 겨울밤이나 무더운 여름철 냉난방기 효율도 떨어집니다.

이를 개선하기 위해 창의 면적을 줄이는 리모델링을 하는 경우가 있습니다. 창의 면적이 작아도 높은 위치에 있으면 방 전체에 빛이 들어옵니다. 창을 작게 만들면 소음이나 프라이버시 문제도 개선할 수 있습니다.

창 자체를 리모델링하지 않고 창 앞에 카운터 수납장을 설치해 창의 면적을 줄인 사례. (후나토 주택)

아파트 고층에 거주하는 경우, 창이 크면 불안해하는 사람도 많다. 창문을 작게 만들면 차음 효과까지 얻어 거실에서 편히 쉴 수 있다. (사카이 주택)

문 하나로 냉난방 효과가 크게 상승

칸막이가 없는 공간은 개방감이 있어 좋지만, 냉난방 효율은 그다지 좋지 않습니다. 여름과 겨울에 광열비가 폭등하는 것도 문제지요. 주방과 다이닝룸, 거실이 일체형인 평면일 경우, 주방에만 사람이 있을 때 LDK 전체를 난방하는 것도 낭비입니다.

그럴 때는 리모델링을 통해 필요할 때만 꺼내 쓸 수 있는 미닫이문을 만들면 됩니다. 미닫이문 안에 유리를 삽입하면 빛은 받아들이면서 공간을 분리할 수 있습니다. 미닫이문을 벽 안으로 집어넣을 수 있도록 만들면 평소에는 넓게 사용할 수 있어 공간이 깔끔해집니다.

주방과 다이닝룸 사이에 유리 미닫이문을 설치하여 요리할 때 덜 춥다. (누마지리 주택)

COLUMN

천장과 바닥에 단열재를 넣는 것도 효과적

냉난방 효율을 높이는 효과적인 방법으로는 창문 단열 리모델링(50쪽) 말고도 천장과 바닥에 단열재를 넣는 방법이 있다. 지붕, 창문, 바닥을 단열재로 감싸면 바깥 공기로 인한 냉기를 차단하고 실내의 따뜻한 공기를 밖으로 빼앗기지 않는다. 적은 에너지로 실내 온도를 유지할 수 있어 광열비 절약에도 큰 효과가 있다. 단열재에는 여러 종류가 있으며 소재에 따라 가격도 다르다.

위쪽으로 모이는 따뜻한 공기를 팬이 순환시켜 아래쪽도 따뜻하게. (미즈코시 주택)

실링 팬으로
공기를 순환시킨다

냉난방 효과를 높이는 또 다른 방법은 공기를 순환시키는 것입니다. 바닥에 선풍기를 두고 써도 되지만 걸리적거리기 일쑤입니다.

그럴 땐 실링 팬을 천장에 설치해보세요. 집 안에 공기의 흐름을 만들어 여름에는 냉기를, 겨울에는 온기를 골고루 순환시켜 냉난방기 효율이 좋아집니다.

천장에서 천천히 회전하는 실링 팬은 인테리어의 포인트가 되기도 합니다.

어닝을 설치하면
강한 햇볕을 막을 수 있다

'어닝'은 '차양'을 말합니다. 창문에 설치하면 여름에는 모자의 차양처럼 태양 광선의 실내 침입을 막아줍니다. 블라인드나 커튼보다 효과가 크고, 사용하지 않을 때는 접어서 수납할 수 있지요. 경관을 해치지 않으면서 실내 온도의 상승이나 가구의 색바램, 눈부심 등을 방지합니다. 남향이나 서향 창에 특히 추천합니다. 각도를 바꿀 수 있는 타입도 있습니다.

햇볕이 강한 날 어닝을 펼치면 실내 온도를 낮추는 효과가 있다. (후쿠치 주택)

더위·추위 대책의 핵심은 '창문' 단열 리모델링

**여름의 더위와 겨울의 추위만 개선해도 집에서 보내는 시간이 훨씬 쾌적해집니다.
건강에 좋은 것은 물론이고 에너지 절약과 방음 등 여러 가지 장점이 있습니다.**

추위를 개선하려고 리모델링을 하는 경우가 많습니다. 특히 단독주택이나 창문이 큰 아파트에서는 '냉기'로 고생하는 경우가 있지요. 벽 단열재 교체나 평면 변경 등의 방법도 있지만, 보다 쉽고 확실한 효과를 볼 수 있는 것이 창문 리모델링입니다. 그중에서도 비용을 줄일 수 있어 추천하는 것이 창문 안쪽에 또 하나의 창을 덧대는 '이중창'입니다.

'이중창'은 단열성을 높이므로 추위뿐만 아니라 더위 대책으로도 확실한 효과를 얻을 수 있고 에너지 절약과 방음 효과도 있습니다. 대부분 기존 창틀 안에 설치할 수 있어 간단한 공사로 끝납니다. 그 밖에도 창문 리모델링에는 몇 가지 방법이 있습니다.

(다치하라 주택)

이중창 안쪽에 덧문과 장지문을 설치했다. 사용하지 않을 때는 벽 안으로 집어넣을 수 있다.

❶ 이중창을 만든다

옛날부터 홋카이도 같은 추운 지역에서 사용하던 방법으로, 기존 창 안쪽에 또 하나의 창문을 설치하는 것. 2장의 창 사이에 공기층이 생기기 때문에 외부 온도가 쉽게 전달되지 않으며 기밀성과 단열 효율이 높다. 냉난방 기구를 사용할 때도 에너지가 절약되며 방음 효과도 기대할 수 있다.

(히라야마 주택)

❷ 창을 단열 새시로 바꾼다

일반 새시는 알루미늄제인데 쉽게 뜨거워지고 쉽게 차가워지는 소재여서 외부 공기의 영향을 받기 쉽다. 단열 새시란 목재나 수지 혹은 알루미늄과 그것들을 조합한 제품이다. 열전도율이 낮으므로 단열 효과를 높일 수 있다. 최근에는 성능 좋은 알루미늄 새시도 나오고 있다.

(쓰카하라 주택)

❸ 커버 공법으로 단열 성능을 높인다

기존 창틀 위에 새 창틀을 설치하는 공법으로, 현관문이나 이중으로 만들고 싶지 않은 창에 추천한다. 벽을 부수는 등의 대규모 공사가 필요 없어 간단하며 고단열 새시로 바꿀 수도 있다. 비용이 조금 높고 개구부가 다소 작아지는 것이 단점.

(고바야시 주택)

❹ 출창 안에 큰 창을 하나 단다

출창은 외벽보다 바깥쪽으로 튀어나온 형태라서 바깥 기온의 영향을 받기 쉽고 실내의 열을 밖으로 빼앗기는 원인이 된다. 출창 안쪽에 창을 하나 더 설치하면 단열 효과를 높일 수 있다.

(참고 사진)

Renovation 3   저절로 정리되는 집을 만든다

생활하다 보면 물건이 어질러지는 것은 당연지사. 문제는 쉽고 편하게 빨리 정리할 수 있는 시스템이 있는지의 여부입니다. 물건을 다 쓴 후 특별히 신경쓰거나 많이 움직이지 않고도 즉시 원위치로 돌릴 수 있는 수납 시스템이 있다면, 아무리 어질러도 하루를 마감할 때쯤 저절로 정리할 수 있어 깔끔한 집을 유지할 수 있습니다.

(다나베 주택)

• 쓰는 장소에 수납한다

쓰고 싶을 때 금방 꺼낼 수 있는 것도 중요하지만, 집이 어질러지지 않으려면 사용 후에 '즉시 제자리에 가져다 놓을 수 있는' 것이 더 중요합니다. '쓰는 장소 = 수납하는 장소'라면 무의식적으로 물건을 늘어놓는 일도 줄어듭니다.

(후나토 주택)

• 수납력을 높인다

한정된 면적 내에서도 수납 공간을 창출할 수 있습니다. 선반을 1개만 더 늘려도 수납력이 크게 좋아집니다. 이를 수납의 '고밀도화'라고 부릅니다. 물건을 무작정 줄이기보다 공간을 효율적으로 늘리는 방법도 생각해보세요.

(다키모토 주택)

• 잘 보이고 꺼내기 쉽게

물건을 사용할 때마다 뭔가를 치워야 하는 구조라면 불편하기 짝이 없습니다. 꺼내쓰기 힘든 장소는 제자리에 갖다 놓기도 힘든 장소입니다. 잘 보이게 수납하면 물건을 찾느라 헤맬 일이 없고 '깜빡하고 쓰지 못하는 일'도 줄일 수 있습니다.

(히라야마 주택)

• 지정석을 만든다

어떤 물건이든 돌아갈 장소가 필요합니다. 쓰는 장소와 가까운 곳에 찾기 쉬운 지정석을 정하고 가족에게도 공유하면 집이 어질러지지 않습니다. 가전제품처럼 오래 사용하는 물건이라면 크기에 맞는 수납 장소를 만드는 것을 추천합니다.

(고타케 주택)

사용 장소에 수납한다

**현관에 코트와 가방을 두면
집이 어질러지지 않는다**

현관 안에 설치한 오픈 클로크 룸. 문이 없어서 쉽게 물건을 넣고 뺄 수 있다.

현관 옆에 '코트 거는 곳'을 만들라고 항상 제안합니다. 코트 외에도 가방이나 장갑, 머플러 등 밖에서 쓰는 물건을 모두 여기에 수납해 두면 일일이 옷장에 가지러 가는 수고를 덜 수 있으므로 외출 준비가 훨씬 빨라집니다.

집에 돌아와서도 그 자리에 코트와 가방을 두고 방으로 들어갈 수 있어 쾌적하지요. 이런 시스템이 없으면 자기도 모르게 소파나 의자에 일시적으로 물건을 놓게 되고 그 결과 집이 어질러집니다.

현관 옆에 설치한 코트걸이. 리모델링 전의 계단 일부를 활용해 가방과 머플러 두는 장소를 만들었다. (고미야 주택)

쇼핑이나 정원 가꾸기 등 일과에 맞춘 수납 공간을 만든다

수납 장소를 고려할 때는 자신의 평소 행동을 시뮬레이션해 봐야 합니다. 아침에 일어나 잠자리에 들 때까지 어디를 지나고 어떤 작업을 하나요? 불필요하게 집안을 돌아다닌다고 느껴지면 수납 장소를 재점검해보세요.

주방 문 근처에 큰 수납장 설치를 자주 제안하곤 합니다. 구매한 식품을 바로 정리할 수 있도록 팬트리를 만들거나 정원 도구를 수납할 장소를 만들어 두면 편리합니다.

(요시이 주택)

주방문을 들어서면 바로 주방. 수납 공간이 없다 보니 사 온 물건을 일단 바닥에 둘 때가 많았다.

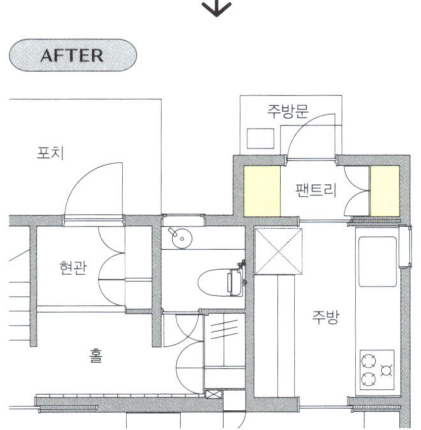

주방문과 주방 사이에 고밀도 수납 선반을 설치. 주방문을 들어서면 왼쪽 선반은 팬트리, 오른쪽 선반은 정원 도구 수납장.

주방문에 설치한 팬트리. 쇼핑에서 돌아오면 이곳에 바로 식품을 정리할 수 있다. (요시이 주택)

다이닝룸의 알찬 수납 공간으로
일상생활이 쾌적

집 안에서 가족이 가장 자주 모이는 곳이 다이닝룸입니다. 그 중심에 아무 물건도 놓여 있지 않은 깔끔한 테이블이 있다면 기분이 좋아집니다. 식사나 작업이 끝나면 식탁 위의 물건을 즉시 제자리에 가져다 놓을 수 있는 환경을 만드는 것이 가장 이상적입니다.

이를 위해서 다이닝룸에 카운터 수납장을 많이 만들기를 권합니다. 대면식 주방의 경우라면 다이닝룸 쪽으로 수납장을 설치하세요.

벽 쪽이나 창 쪽에도 수납장을 설치할 수 있다면 정리가 더욱 쉬워집니다. 카운터 타입의 수납장은 위에 물건을 놓을 수 있어 편리합니다. 조금 낮게 만들면 컴퓨터 책상으로도 쓸 수 있습니다.

(사이토 주택)

다이닝룸으로 쓰던 방에 수납장이 없던 터라 식탁 위에 물건을 올려놓기 일쑤였다.

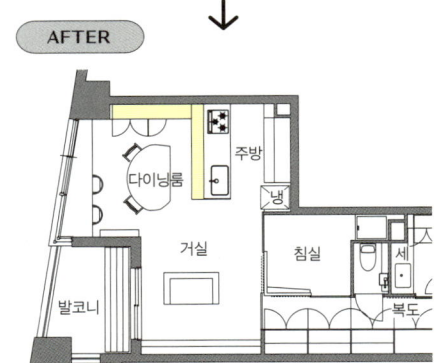

다이닝룸의 위치를 변경. L자 카운터 수납장을 만들어 이곳에서 쓰는 물건이 모두 들어갈 수 있도록 했다.

주방 뒤쪽에 설치한 카운터 수납장. 앞접시나 조미료 등 다이닝룸에서 쓰는 물건은 모두 여기에 수납한다.

다이닝룸에서 쓰는 물건은 모두 다이닝룸에 수납한다

앞접시와 커트러리 등 식탁에서 필요한 물건을 보관할 장소가 다이닝룸에 있으면 편리합니다. 다이닝룸에서는 식사 외에도 여러 가지 일을 합니다. 신문을 읽거나 컴퓨터를 사용하거나 글을 쓰기도 하지요. 손자를 자주 돌봐줘야 하는 사람은 여기서 숙제를 시키기도 합니다.

다이닝룸에서 쓰는 물건을 다이닝룸에 모두 수납해 두면 여기저기 가지러 갈 필요가 없고 원래대로 갖다 놓는 것도 수월해집니다.

항상 다이닝룸에서 다림질을 하므로 다림질 도구를 수납할 공간도 다이닝룸에 만들었다. (가시와기 주택)

COLUMN
문 안 수납에는 플라스틱 바구니 활용

물건을 수납할 때는 바구니를 이용해 아이템별로 분류해 두면 편리합니다. 문 안과 같이 보이지 않는 곳에 수납할 때는 흰색 플라스틱 바구니를 추천합니다. 흰색은 깨끗해 보이고, 똑같은 바구니를 가지런히 놓으면 문을 열었을 때 통일감이 있어 좋습니다. 겹쳐서 보관할 수도 있어 편리합니다.

선반의 높이는 바구니에 맞게 조절한다. 구멍 뚫린 바구니라면 내용물이 보이므로 사용하기 편하다.

앞접시나 커트러리 등 식탁에서 쓰는 물건은 다이닝룸 쪽에 수납. 가족이 함께 하기도 편하다. (니시 주택)

수납력을 높인다

뒷면 수납장을 알차게 만들어
물건 없는 깔끔한 주방으로

어느샌가 하나둘 늘어난 그릇들을 차마 처분하지 못하는 사람이 많습니다. 많은 양의 식기류를 수납하기 위해 큰 찬장을 두는 집도 적지 않지요. 그러나 키 큰 찬장은 존재감이 있어 집이 좁게 느껴질 수 있습니다.

이럴 때는 주방 뒷면에 카운터 형태의 수납장을 설치해보세요. 서랍식으로 만들면 안길이가 깊어져 많은 양의 식기를 넣을 수 있습니다.

서랍식 수납장은 내부를 한눈에 내려다볼 수 있는 데다, 식기를 넣고 빼기 쉽다는 장점도 있습니다. 상부에 안길이가 얕고 나지막한 상부장을 설치하면 압박감 없이 수납량을 늘릴 수 있습니다.

(야마모토 주택)

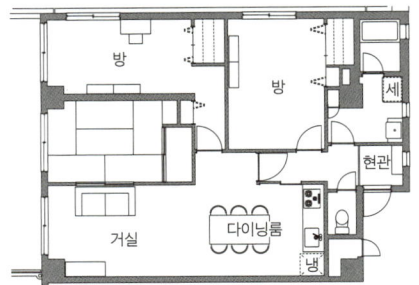

주방에 붙박이 수납장이 없어 찬장과 주방 랙을 놓을 수밖에 없었다.

주방에 뒷면 수납장과 상부장을 설치해 많은 양의 식기류를 수납.

다이닝룸 쪽에서 보이는 뒷면의 카운터. 카운터 위는 항상 깔끔.

주방 뒤쪽에 카운터 수납장과 상부장을 설치했다. 나와 있는 물건이 없어 항상 깔끔한 상태를 유지할 수 있다.

계단 중간에 만든 책장. 지날 때마다 정겨운 그림책이 눈에 들어와 즐겁다. (고미야 주택)

천장에서 바닥까지 꽉 차는 타워 수납장을 복도에 만들었다. 안길이가 30cm에 불과하지만 수납력은 엄청나다. (나카노 주택)

복도에 오픈 선반을 설치해 책을 수납. 가족끼리 공유할 수 있어 즐겁다. (고타케 주택)

통로를 수납에 활용한다

수납 공간이 부족한 집이라면 복도나 계단 공간을 활용하는 방법을 반드시 검토하기 바랍니다. '통로가 좁아진다'고 생각할 수 있지만 벽면을 30센티만 파면 수납 공간을 만들 수 있습니다. 긴 복도에 천장에서 바닥까지 꽉 차는 수납 선반을 설치하면 상당한 양의 물건을 정리할 수 있습니다.

천장에 내림벽을 설치하지 않고, 천장이나 벽과 같은 색으로 문을 칠하고, 손잡이를 달지 않으면 존재감 없는 깔끔한 수납장이 됩니다. 선반의 높이를 자유롭게 조절할 수 있도록 만들면 수납장 안의 공간을 낭비 없이 활용할 수 있습니다.

COLUMN

선반 수만 늘려도 수납량이 몇 배로 늘어난다

선반의 수만 늘려도 수납 공간이 대폭 확대. 물건 높이에 맞춰 선반의 높이를 조절하면 낭비되는 공간을 없앨 수 있습니다.

창고는 현관 옆에 만들면 편리하다

다다미방을 많이 없애면서 벽장 대신 창고를 만드는 경우가 늘었습니다. 창고가 있으면 계절용 가전제품이나 각 방에 보관하지 못하는 물건들을 수납할 수 있어 집안이 한결 정리됩니다. 벽면 수납장에 비해 안길이가 깊으므로 선반이나 행거를 설치하는 등 잘 보이고 넣고 빼기 쉽게 만드는 아이디어가 필요합니다.

창고를 만드는 장소로는 현관 옆을 추천합니다. 재활용 쓰레기나 택배 상자, 정원에서 사용하는 물건이나 아웃도어 용품, 코트류 등도 둘 수 있어 편리합니다.

(야마모토 주택)

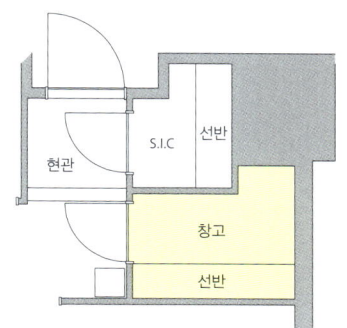

신발장과 작은 창고가 있었지만 문 앞에 물건을 둘 수 없고 둘 다 크기가 어중간해서 불편했다.

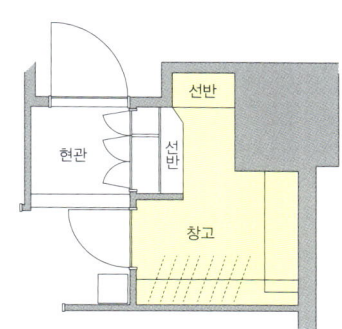

신발장은 안길이를 좁게 만들어 사용하기 편하게. 그 대신 창고를 안쪽까지 넓히고 선반을 설치. 코트걸이도 만들었다.

신발장 오른쪽에 창고가 있으면 코트 보관 장소로도 사용할 수 있다.

안쪽에는 선반을, 오른쪽 벽에는 행거 파이프를 설치했다. 청소기와 사다리, 여행용 가방 등도 둘 수 있다.

잘 보이게 만든다
**의류는 오픈 선반에
수납하면 일목요연**

편리한 옷장의 형태는 각자의 라이프 스타일에 따라 다릅니다. 옷을 걸 수 있는 공간이 충분하면 세탁 후 옷을 개지 않고 걸어서 수납할 수 있으므로 집안일이 편해지고 옷을 고르기도 쉬워집니다. 접어서 보관하는 옷은 서랍에 수납하는 경우가 많은데, 오른쪽 사진처럼 오픈 선반에 수납하면 잘 보이고 넣고 빼기도 쉽습니다. 의류는 눈높이보다 아래쪽 선반에 수납하고, 위쪽에는 계절용품과 가방류를 수납합니다.

온 가족이 함께 쓰는 드레스룸. 반대쪽 벽면 전체는 걸어서 수납하는 구조로 만들었다. (야마모토 주택)

부부 침실에 설치된 벽면 수납장. 의류를 아이템별로 수납해두어 무척 편리하게 찾을 수 있다. (아시다 주택)

안길이가 얕아서 안쪽의 물건을 꺼내기 쉽다. (가네코 주택)

안길이가 얕은 수납장을 만들면 소지품 파악이 쉬워진다

안길이가 깊은 수납장은 물건을 많이 넣을 수 있지만 사실은 쓰기 불편합니다. 안쪽에 무엇이 들어있는지 보이지 않고, 안쪽의 물건을 꺼내기도 어려워서 시니어에게는 특히 더 불편합니다.

수납장은 '안길이 30센티 정도'를 추천합니다. 얕은 것 같지만 A4 크기의 서류가 딱 맞게 들어가는 사이즈로, 생각보다 물건을 많이 수납할 수 있지요. 무엇보다 안에 있는 물건을 한눈에 볼 수 있습니다.

안길이가 깊은 수납장은 안쪽까지 쓸 수 있도록 연구한다

창고나 벽장 등 안길이가 깊은 수납 공간은 안쪽이 보이지 않거나 낭비되는 공간이 생기기 쉬우므로 나름의 연구가 필요합니다.

제대로 활용하려면 선반이나 파이프 행거를 이용해 입체적으로 수납해야 합니다. 수납장의 안쪽 벽이나 측면에 선반을 설치하고 파이프 행거를 걸면 수납량을 늘릴 수 있습니다.

앞쪽에 왜건을 놓으면 안쪽 물건을 꺼내기 쉽고 공간도 효과적으로 사용할 수 있습니다.

복도에 있는 옷장. 안쪽에는 선반을, 앞쪽에는 파이프 행거를 설치했다. (누마지리 주택)

팬트리는 눈높이보다 아래쪽을 서랍식으로 만들면 편리하다

주방에 대용량 팬트리가 있으면 많은 식품과 음료 등을 보관할 수 있습니다. 천장부터 바닥까지 닿는 높이의 타워 수납 팬트리가 이상적이기는 하지만, 팬트리가 너무 크면 지나치게 많이 사거나 재고를 파악하지 못해 식품 유통 기한이 지나버리는 경우가 많으므로 주의가 필요합니다.

쉬운 재고 관리를 위해 팬트리는 눈높이보다 아래쪽을 서랍식 철제망 바구니로 만드는 것을 추천합니다. 안에 든 물건을 한눈에 알 수 있어 편리합니다. 반대로 위쪽은 선반식으로 만들면 잘 보이고 넣고 빼기도 쉬워집니다.

주방의 뒷면 카운터에 짜 넣은 팬트리. 큰 팬트리를 설치할 수 없을 때의 해결책. (가시와기 주택)

위쪽은 오픈 선반, 아래쪽은 서랍식 그물 바구니로. (사카모토 주택)

지정석을 만든다

**물건의 크기에 맞게
수납 장소를 만든다**

물건의 크기에 딱 맞게 지정석을 만들면 보기에도 예쁘고 공간을 낭비 없이 사용할 수 있습니다.

리모델링으로 수납 공간을 설치할 때는 그곳에 둘 물건의 크기를 염두에 두고 선반의 크기를 결정하는 게 좋습니다. 주방 가전 등 존재감이 있고 오래 쓰는 물건이라면 더욱 그렇습니다. 밥솥은 사용할 때만 꺼낼 수 있는 슬라이드식 선반에 두는 것도 좋은 방법입니다. 카운터 위에 전자레인지를 두는 경우에는 필요한 치수를 잰 후 상부에 선반이나 상부장을 만들면 편리하고 수납량도 늘릴 수 있습니다.

오븐 토스터의 지정석은 다이닝룸 카운터의 수납장 안. (가시와기 주택)

장화 높이에 맞춰 설치한 선반. 문밖에 나와 있으므로 젖은 장화도 그대로 둘 수 있다. (오카자키 주택)

밥솥과 홈베이커리 기구의 사이즈에 맞춰 슬라이드식 선반을 설치했다. (히라야마 주택)

다이닝룸에 있는 프린터 거치대. 사용하고 싶을 때 한 손으로 꺼낼 수 있다. (사이토 주택)

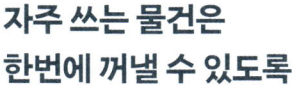

냄비와 프라이팬 거치대를 오픈형으로. 벽을 파서 조미료 선반을 만들었다. (우라사키 주택)

다이닝룸 구석에 있는 쓰레기통. 눈에는 잘 띄지 않지만 손 닿기 쉽고 사용이 편리한 장소. (요네자키 주택)

자주 쓰는 물건은
한번에 꺼낼 수 있도록

잘 보이는 곳에 있는 수납 공간은 최대한 존재감을 없애는 것이 바람직합니다. 물건이 문 안에 들어있으면 깔끔해 보이기는 하지만, 막상 물건을 사용할 때 일일이 문을 열어야 하므로 자주 쓰는 물건을 수납하기에는 적당하지 않습니다.

자주 쓰는 물건은 손만 뻗으면 닿을 수 있는 수납 방법을 연구하는 것이 좋습니다. 특히 주방에서는 손이 젖은 채로 작업하는 경우가 많으므로 자주 사용하는 냄비나 그릇은 문이 없는 오픈된 곳에 보관해야 편리합니다. 넣고 빼기 부담스럽지 않고 작업 시간도 짧아집니다.

Renovation 4 | 부부의 스트레스를 줄인다

　부부 중 어느 한쪽에게 인내심을 강요하는 집은 좋은 집이라고 할 수 없습니다. 집은 부부 둘 다 아늑하게 지낼 수 있는 곳이어야 합니다.

　아무리 사이 좋은 부부라도 집안에 혼자만의 공간이 있어야 합니다. 이 점이 매우 중요한 것 같습니다. 부부가 지혜롭게 거리를 두면서 살 수 있는 평면을 함께 생각해 보세요.

(아오키 주택)

(아시다 주택)

• 자기만의 공간을 만든다

한정된 공간을 서재로

부부가 각자 작은 전용 서재를 가지고 있으면 생활이 쾌적해집니다. 일이나 취미, 공부 등을 하고 싶을 때, 가족과 떨어져 혼자 있고 싶을 때, 자기만의 공간이 있으면 안정감이 들지요. 한정된 공간이라도 아이디어에 따라 얼마든지 공간을 만들 수 있습니다.

• 몸단장을 원활하게

옷장과 세면실을 재점검한다

나이가 들면 몸단장하는 데 다소 시간이 걸립니다. 옷을 어디에 수납했는지 찾기 어렵거나 갈아입을 장소가 없거나 옷매무시를 가다듬을 장소가 비좁으면 몸단장이 원활하지 않겠지요. 리모델링은 이러한 몸단장 동선을 점검할 수 있는 좋은 기회입니다.

(요네자키 주택)

(우라사키 주택)

• 침실을 나눈다

미닫이문으로 느슨하게 구분한다

깊은 수면은 건강을 위한 필수 요소입니다. 배우자가 내는 소리나 움직임이 신경 쓰여 숙면할 수 없는 경우에는 침실을 분리하는 것도 좋습니다. 완전히 다른 방을 쓰는 게 아니라 기존에 쓰던 방을 느슨하게 나누는 플랜이라면 비상시에도 안심입니다.

자기만의 공간을 만든다
주방 옆에 서재를 만든다

주방 옆에 만든 아내의 서재. 상부장에 책과 서류를 수납할 수 있다. (고미야 주택)

(오카자키 주택)

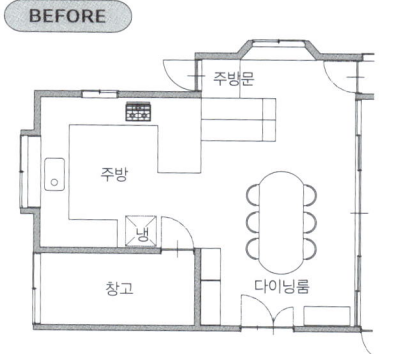

BEFORE

글쓰기나 컴퓨터 작업을 하는 경우가 많지만 전용 장소가 없어서 식탁을 사용하고 있었다.

↓

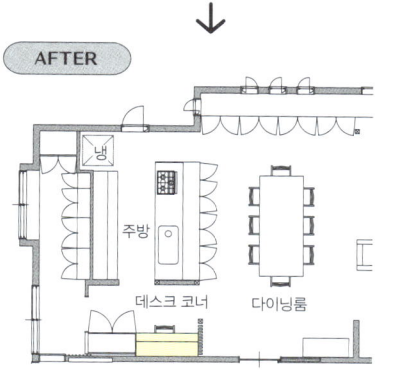

AFTER

주방 옆에 아내를 위한 작은 서재를 만들었다. 덕분에 식탁이 어질러지지 않는다.

시니어 세대의 경우, 남편에게는 서재가 있어도 아내의 서재는 없는 집이 많습니다. 그런 집에서는 아내가 글을 쓰거나 컴퓨터 작업을 할 때 식탁을 씁니다. 그러나 식사 때마다 매번 하던 일을 접고 식탁 위를 정리하자니 귀찮을 뿐만 아니라 식탁 위가 물건으로 너저분해집니다. 리모델링을 한다면 자신의 전용 공간을 만드세요. 주방에 있는 시간이 긴 사람은 주방 근처에 카운터를 설치하면 집안일을 하면서 작업할 수 있어 편리합니다. 이곳에는 서류와 문방구 등의 수납 공간도 필요합니다.

주방에서 본 모습. 막다른 곳 왼쪽이 아내의 서재. 옆에는 차를 끓이는 코너가 있다.

벽을 향하고 있어서 작업할 때 집중할 수 있다. 수납 공간도 넉넉하다.

(고미야 주택)

BEFORE

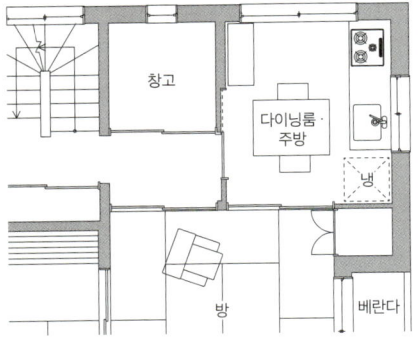

부모님과 함께 살 때는 부모님 주방과 창고가 있던 3층 공간.

AFTER

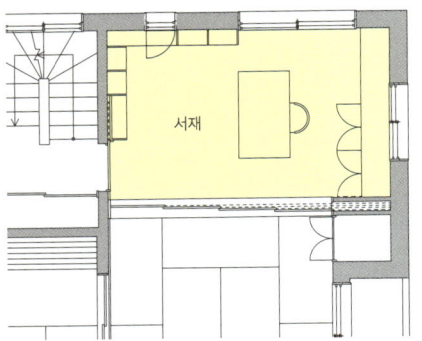

부부만 살게 되어 3층에 남편의 서재를 만들었다.

방 중앙에 큰 책상을 설치. 벽을 보지 않고 눈앞이 개방되어 있어 좋다.

콘센트는 데스크 아래 바닥에 매립해 코드류가 최대한 밖으로 드러나지 않게 만들었다.

빈방을 서재로 만든다

오랜 세월을 지나는 동안 가족 구성원은 바뀌기 마련입니다. 성장한 자녀가 집을 떠나거나 부모님을 떠나보내기도 하지요. 빈방에 물건을 그대로 쌓아두는 집도 있는데, 그러기엔 아깝다는 생각이 듭니다. 리모델링을 통해 서재로 활용하는 플랜을 추천하고 싶습니다.

서재에는 침대나 옷장 등이 필요치 않으니 넓게 사용할 수 있습니다. 큰 책장을 설치하는 것도 좋고 넓은 책상을 두는 것도 좋을 것입니다. 재택 근무를 하는 사람에게는 최적의 작업실이 됩니다.

몸단장을 원활하게

각자의 옷장이 따로 있으면 편리하다

옷장은 침실에 있는 경우가 많습니다. 옷장 하나에 부부의 옷을 함께 보관하면 넣고 빼는 데 시간이 걸리고 찾기도 어렵습니다. 같은 곳에서 함께 몸단장을 해야 할 때도 있어서 불편하기도 합니다.

공간이 있다면 부부의 옷장은 따로 만들어 쾌적하게 사용하세요. 자기 공간을 각자 관리하도록 하면 어느 한쪽으로 집안일 부담이 쏠리는 일도 줄어듭니다.

왼쪽의 드레스룸은 남편용. 오른쪽 벽면의 옷장은 아내용. (시마다 주택)

침대 발치에 부부 각자의 드레스룸이 있다. (오카자키 주택)

(고바야시 주택)

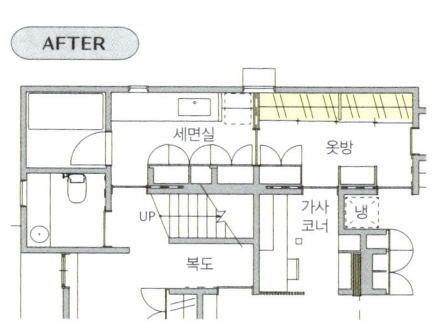

옷장이 2층 침실에 있어서 1층 방에 옷을 벗어두는 경우도 있었다.

↓

세면실 옆에 옷장(옷방)을 설치하고 회유 동선으로 만들면 몸단장을 원활하게 할 수 있다.

옷장이 한곳에 있다면 회유 동선으로 만든다

 부부 중 한쪽이 주로 집안일을 도맡아 하는 가정에서는 옷장을 한곳에 두어야 의류를 관리하기 쉽습니다. 옷장은 침실에 있는 경우가 많은데, 세면실 옆에 두어도 몸단장하는 동선이 짧아져 편리합니다.

 또한 회유 동선을 만들면 두 사람이 동시에 사용하는 경우에도 부딪히지 않고 출입할 수 있어 편합니다. 침실 옆에 드레스룸을 설치하는 경우에도 돌아나갈 수 있는 구조로 만들면 쾌적하게 사용할 수 있습니다.

세면대를 넓게 만들어 다목적으로 사용

공간에 여유가 있으면 세면 카운터를 최대한 넓게 만드는 것을 추천합니다. 두 사람이 동시에 세면실에 서서 몸단장을 할 수 있으므로 바쁠 때 편리하기 때문이지요. 카운터 위에서 빨래를 개거나 다림질을 할 수도 있습니다. 카운터 아래를 오픈하면 의자를 두고 앉아서 메이크업 등을 할 수 있어 편합니다.

리모델링을 통해 세면실을 2층으로 옮겨 밝은 공간으로. 콘택트렌즈를 낄 때도 편하게.

세면 카운터 뒤쪽에 넓은 옷장이 있다. 몸단장 동선이 짧아 쾌적하다.

(우라사키 주택)

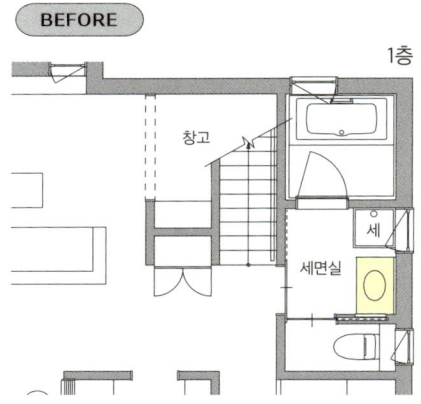

세면실이 1층에 있어 어두웠고, 카운터가 좁아서 동시에 두 명이 쓸 수 없었다.

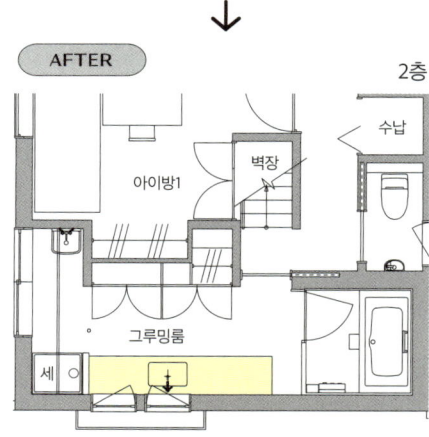

2층의 양지바른 곳으로 이동. 카운터를 넓게 만들어 두 사람이 여유롭게 쓸 수 있도록.

세면실에 빨래를 너는 공간이 있다. 카운터 위에서 다림질하거나 빨래를 갤 수도 있다.

침실을 나눈다

하나의 침실을 미닫이문으로 느슨하게 구분한다

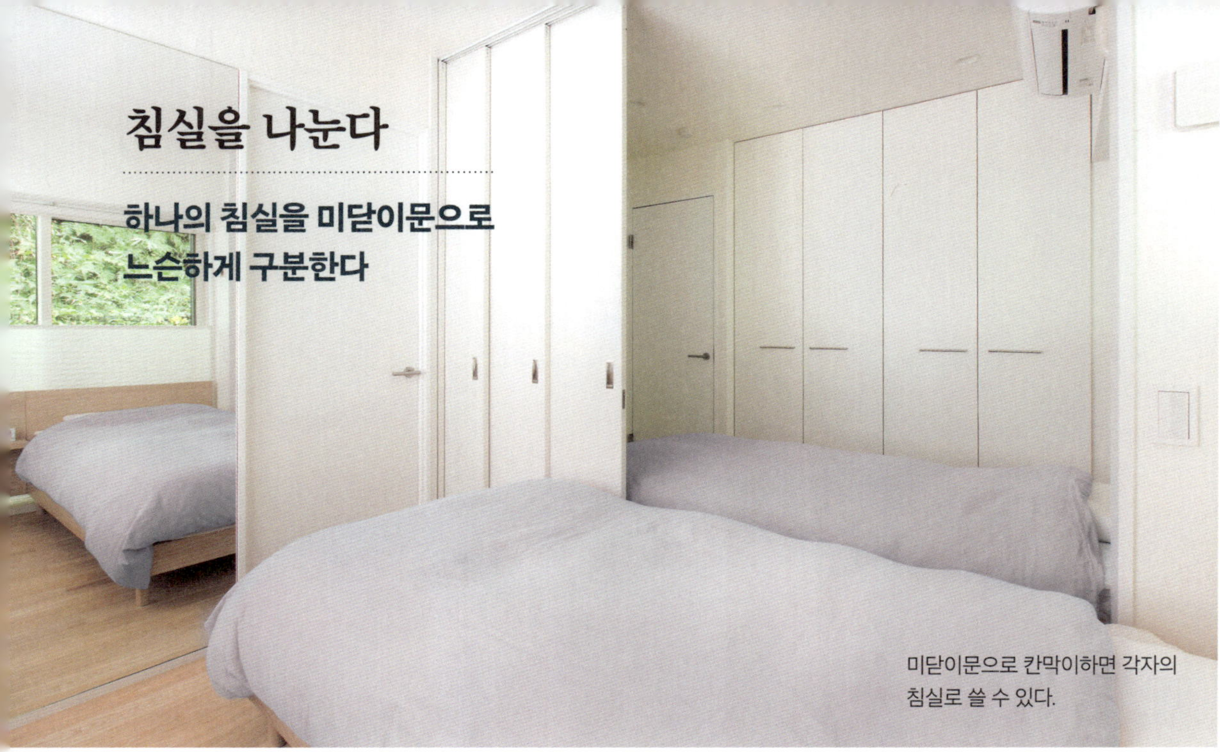

미닫이문으로 칸막이하면 각자의 침실로 쓸 수 있다.

시니어 세대는 침실을 따로 쓰는 부부가 많습니다. 그러나 침실이 떨어져 있으면 배우자의 컨디션 변화를 알아차리기 어려워 걱정스러울 때가 있지요.

그럴 때 추천하는 것이 두 침대 사이에 미닫이문을 다는 플랜입니다. 평소에는 하나의 침실로 쓰고, 잘 때만 미닫이문을 닫아 별도의 침실로 사용할 수 있습니다. 둘 중 한 명의 컨디션이 나쁠 때는 미닫이문을 열고 잘 수 있어 편리합니다.

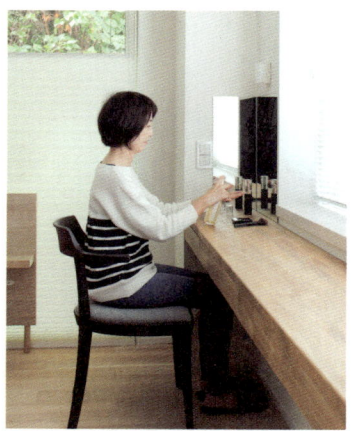

메이크업 공간도 만들었다. 아내의 침실은 세면실과도 연결되어 있어 쾌적하다.

(우라사키 주택)

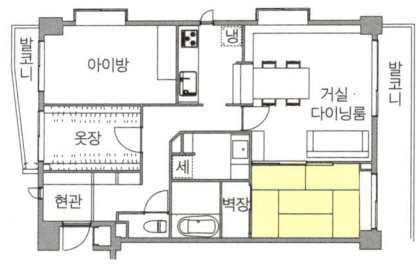

BEFORE

다다미방에서 이불을 깔고 잤다.

↓

AFTER

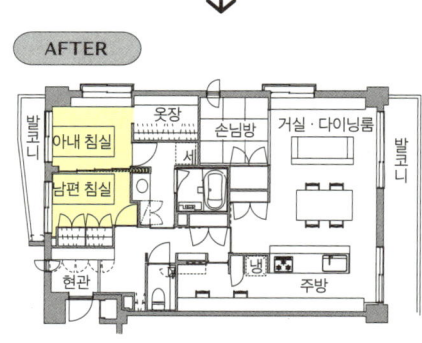

미닫이문으로 칸막이를 하면 2개의 침실로 나뉜다. 각 침실에 옷장을 배치했다.

각자의 침실이 있으면 수면이 쾌적해진다

침실을 각자 따로 쓰면 상대방이 내는 소리에 신경 쓰지 않고 냉난방도 자신의 적정 온도에 맞출 수 있습니다. 침실을 하나 더 만들기 위해서는 창고였던 곳을 침실로 바꾸거나 자녀가 독립해 비어 있는 방을 활용할 수도 있습니다. 이때 옷장과 수납 공간도 나누면 더욱 쾌적해집니다.

침실을 따로 썼더니 "침대에서 마음껏 책을 읽을 수 있게 됐다", "서로의 생활 리듬이 달라도 신경 쓰이지 않아서 쾌적하게 지낼 수 있게 됐다"라는 의견이 있었습니다.

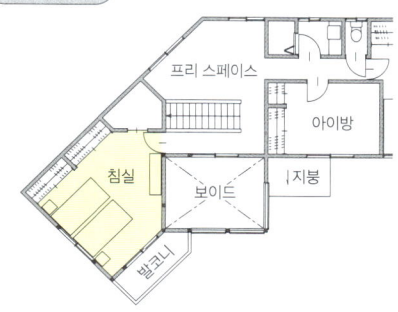

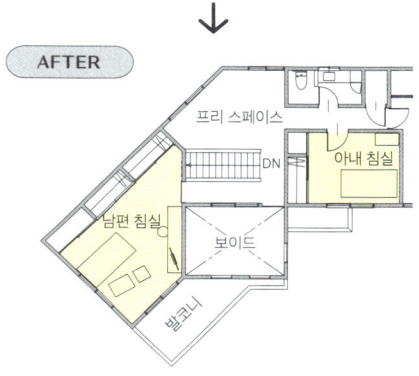

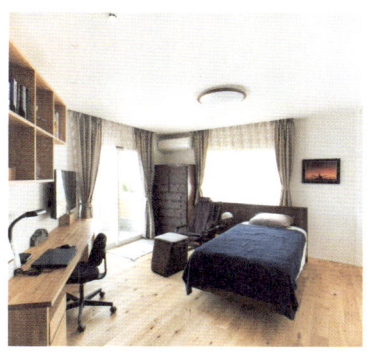

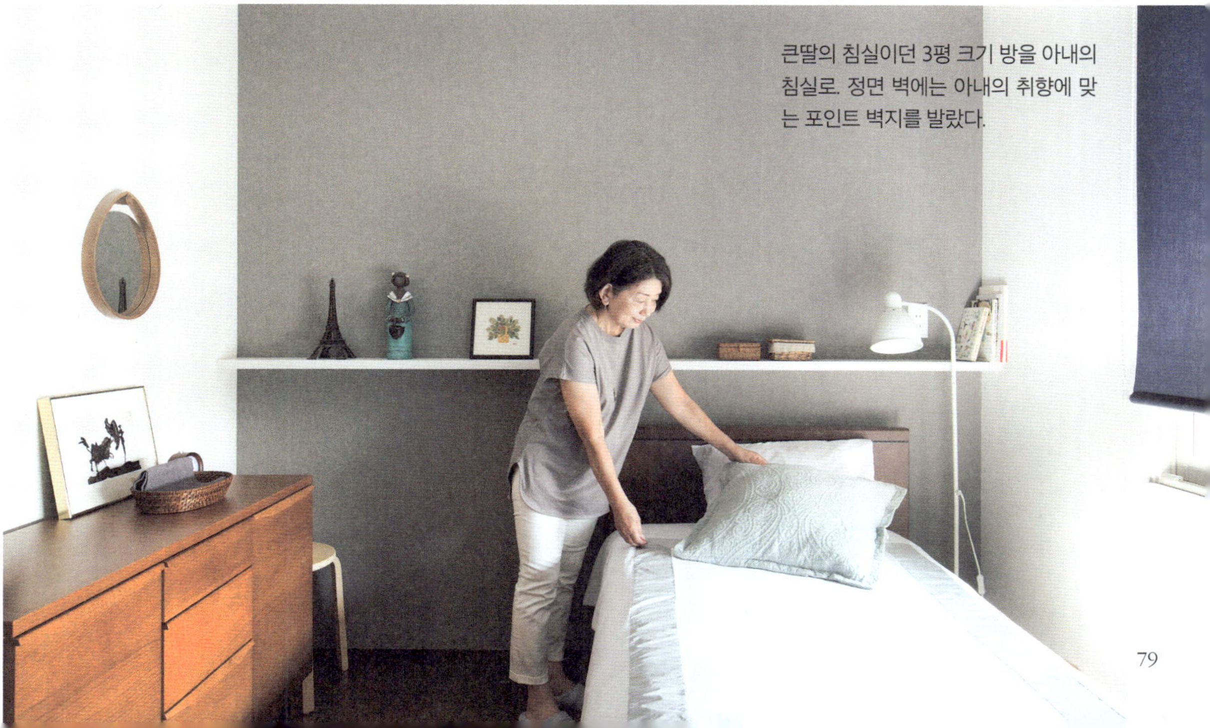

남편의 서재 겸 침실을 만들고 침대 옆에 개인 의자를 놓았다. 예전에는 서재가 없어 다이닝룸에서 컴퓨터를 사용했다.

(사카모토 주택)

BEFORE

같은 방에서 잤는데, 서로의 수면 리듬이 달라 신경 쓰이는 일도 있었다.

↓

AFTER

두 사람의 침실로 쓰던 공간을 남편의 서재 겸 침실로. 아내의 침실은 세면실 근처에 따로 만들었다.

큰딸의 침실이던 3평 크기 방을 아내의 침실로. 정면 벽에는 아내의 취향에 맞는 포인트 벽지를 발랐다.

COLUMN

반려동물과 행복하게
살 수 있는 집을 만든다

반려동물을 키우는 가구가 늘어나면서 반려동물을 키울 수 있는 아파트도 많아지고 있습니다.
사람과 반려동물 모두 쾌적하게 지낼 수 있는 집으로 만드는 법을 생각해 보세요.

계단 아래 변형 공간을 이용해 만든 애견 침실. (사카모토 주택)

가족의 일원으로서 필요한 설비를 생각한다

반려동물을 기르는 집에는 반려동물의 침실, 식사 공간, 화장실 등이 필요한데, 이런 설비가 포컬 포인트(인테리어에서 눈길을 사로잡는 특정 지점)에 있거나 가족의 생활 동선을 방해하는 경우가 많습니다. 반면 반려동물에게는 자유롭게 돌아다닐 수 있는 공간이 적어 스트레스가 되기도 합니다. 사람이 반려동물을 위해 참지 않아도 되고 반려동물도 스트레스를 받지 않고 살 수 있는 평면이 이상적입니다. 리모델링을 통해 서로가 행복해지는 집을 만들 수 있습니다.

01 돌봄 공간을 만든다

반려동물을 위한 전용 식사 공간이 없는 집이 많다. 주방이나 다이닝룸 바닥에 접시를 두는 경우도 흔히 볼 수 있다. 하지만 바닥에 반려동물의 식사를 놓으면 사람의 동선에 방해가 될 수 있다. 리모델링으로 반려동물의 전용 식사 공간을 만들면 사람도 반려동물도 쾌적하게 지낼 수 있다.

주방 팬트리 아래를 오픈 스페이스로 만들어 반려묘 식사 공간으로. (후쿠야마 주택)

다이닝 선반의 일부를 식사 공간으로. 머리를 넣을 수 있어 사료가 주변으로 튀거나 흩어질 염려가 없다. (오시키리 주택)

02 자유롭게 움직일 수 있도록 연구한다

집 안이 놀이터인 소형견이나 고양이를 위해서는 자유롭게 돌아다닐 수 있는 시스템을 만들어 주어야 한다. 리모델링으로 반려동물을 위한 운동 공간을 만들거나 방을 쉽게 오가도록 만들 수 있다. 문에 작은 쪽문을 설치하면 반려동물을 위해 일일이 문을 여닫지 않아도 되고, 냉난방 효과가 떨어지는 것도 막을 수 있다.

거실의 TV 받침대 주위에 같은 소재로 캣워크를 설치했다. (이자와 주택)

문을 닫아 두어도 반려동물이 출입할 수 있도록 쪽문을 만들었다. (후쿠야마 주택)

바닥 소재를 신경 쓴다

달리거나 점프하기를 좋아하는 반려동물에게 미끄러운 바닥재는 스트레스가 된다. 다리와 허리에 부담을 주고 건강에 악영향을 미칠 수 있으므로 주의.

03 필요한 수납 공간을 만든다

사료나 간식 외에도 반려동물을 돌보기 위한 물건이 생각보다 많다. 펫 시트와 샴푸 세트, 리드, 장난감 등의 물건에도 지정석이 필요하다. 사용하는 장소 부근에 수납 공간을 만들면 편리하다. 예컨대 산책을 위한 물건을 현관에 보관하면 빨리 외출할 수 있어 편리하다.

현관 수납장 한쪽에 반려견과 산책할 때 필요한 리드와 장난감을 수납하는 공간을 만들었다. (오시키리 주택)

Renovation 5 | 취향과 취미를 중시한다

"시간에 쫓기며 집안일을 하던 시절도 있었지만, 이제부터는 조금 더 천천히 삶을 즐기고 싶다"라고 말하는 분이 많습니다.

리모델링을 할 때 자신의 취향을 확실히 안다는 점에서 시니어 세대의 리모델링은 즐겁습니다. 취미를 위한 공간과 소중한 물건을 둘 자리에 대해 생각해 보세요.

(고타케 주택)

(나카오카 주택)

• 취미를 즐긴다

비어 있는 자녀방을 활용

'은퇴하면 취미에 시간을 쓰고 싶다', '새로운 취미를 시작하고 싶다'는 사람도 있을 것입니다. 비어 있는 자녀방을 취미를 위한 공간으로 만드세요. 다이닝룸이나 거실 한쪽에서 하던 일을 자기만의 공간에서 할 수 있으면 훨씬 더 즐거워집니다.

• 소중한 물건의 자리를 만든다

생활 속 눈에 띄는 장소에

긴 세월을 살다 보면 좋아하는 물건을 조금씩 사 모으게 됩니다. 소중한 추억의 물건도 쌓이게 마련이지요. 이런 물건을 창고에 쌓아두는 대신 전용 공간을 만들면 어떨까요? 아끼는 물건을 보며 생활하면 기분도 좋아집니다.

(누마지리 주택)

(후지타 주택)

• 자신의 취향을 중시한다

어떻게 지내고 싶은지 형상화한다

사람마다 살면서 소중히 여기는 것이 다르지요. 자기다운 집의 형태를 생각해 보세요. 리모델링은 자신에게 맞도록 집을 바꾸는 것입니다. 자신의 취향을 반영한 집에 산다면 하루하루를 더 활기차게 보낼 수 있고 집에 대한 애착도 깊어질 것입니다.

아내가 포슬린 아트 작품을 만드는 방. 왼쪽 아래에 보이는 것은 도자기를 굽는 전기 가마.

(아시다 주택)

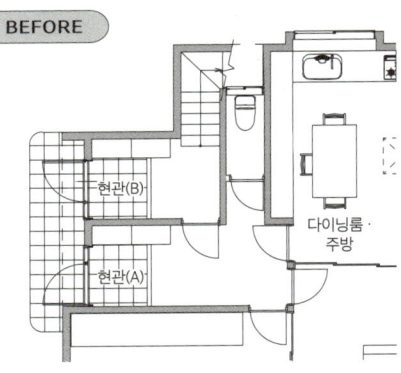

BEFORE

전용 공간이 없어 식탁에서 작품을 만들었다. 전기 가마를 놓을 자리도 없었다.

↓

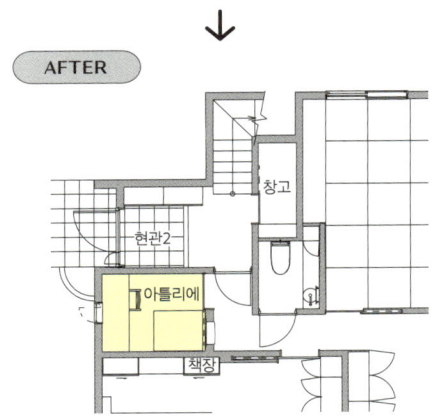

AFTER

현관을 옮기고 빈 공간을 제작실로. 전기 가마도 설치할 수 있었다.

취미를 즐긴다

가족이 줄어 빈 공간을 취미실로 활용

취미를 즐기는 장소는 어디인가요? 식탁이나 거실 한쪽에서는 쉽게 몰입할 수 없습니다. 자녀가 독립해 비어 있는 방이나 창고로 쓰던 공간을 이용해 취미실을 만들어 보면 어떨까요?

혼자가 될 수 있는 공간에서 좋아하는 일에 몰두해 보세요. 기대했던 것보다 훨씬 더 쾌적한 느낌이 들 것입니다. 도구를 마음껏 펼쳐놓아도 가족에게 피해를 주지 않습니다.

아내를 위한 피아노실. 리모델링으로 창문의 방음 기능을 높였다. (히노 주택)

남편의 취미인 DIY 공작실. 돌아가신 아버지가 사무실로 쓰던 공간을 리모델링. (고미야 주택)

아내를 위한 서예실. 예전에는 침실로 쓰던 방이었다. (고미야 주택)

독서를 좋아하는 아내의 요청으로 거실 벽 한 면에
대형 책장을 설치했다. (니시 주택)

독서삼매경에 빠지는 노후 준비
대형 책장을 설치

　시니어를 위한 리모델링에서는 '큰 책장을 만들어 주면 좋겠다'는 요청도 자주 받습니다. '모아둔 책을 처분하고 싶지 않다', '다시 한 번 읽고 싶다'는 분도 많은 것 같습니다. 그럴 때는 거실 벽이나 서재 벽면 전체에 책장을 설치합니다. 책장의 높이는 천장까지 올리지 않고 손이 닿는 위치까지로 만듭니다. 책은 쌓아두지 않고 보기 쉽게 진열해두어야 더욱 애착이 생깁니다. '이런 책이 있었구나'라고 새삼 떠올리는 경우도 흔한 듯합니다.

다이닝룸 옆 워크 스페이스 뒷면에 큰 책장을 설치. 다른 가족의 눈에도 잘 띈다. (야마모토 주택)

거실 한쪽에 설치한 전통 옷 옷장. 자주 쓰는 오비는 바에 걸어 수납할 수 있다. (나카오카 주택)

전통 옷을 입기 위한 공간을 만든다

평소 전통 옷에 관심이 많거나, 나이든 후에 전통복을 좀 더 즐기고 싶어 하는 분이 많습니다. 그런 분은 리모델링을 통해 전통 옷 전용 옷장과 착용 공간을 만들도록 추천합니다. 애써 간직해 온 전통 옷도 넣고 빼기 어려운 곳에 보관하면 입을 기회가 줄어듭니다.

전통 옷 옷장을 반드시 침실에 만들 필요는 없습니다. 환한 방이면 됩니다. 옷장 옆에 큰 거울을 설치하면 편리하지요. 입었던 전통 옷을 걸어 거풍시킬 곳이 있으면 더욱 좋습니다.

(위)일본 전통복을 즐겨 입는 부부를 위해 다이닝룸 옆에 방을 만들었다. 큰 거울이 있어 착용하기 편하다. (오른쪽) 이어져 있는 북쪽의 기모노실. 기모노를 걸어둘 수 있는 공간도 있다. (이자와 주택)

소중한 물건의 자리를 만든다

좋아하는 식기는 넣어두지 말고 장식하면서 수납

집 안에 그림을 장식하는 것도 멋있지만 좋아하는 일용품을 장식하면서 수납하는 것도 추천합니다. 정성 들여 만든 도구에는 '사용의 미'가 있어 인테리어로 멋지게 즐길 수 있습니다.

다이닝룸에 유리문으로 된 상부장을 설치해 좋아하는 티 세트 등을 장식해도 좋고, 큰 접시를 벽에 장식하는 것도 좋은 아이디어입니다.

아끼는 일용품이 있다면 리모델링할 때 상담해 보세요.

벽면을 조금 파서 좋아하는 접시를 장식할 수 있는 수납 공간을 만들었다. (누마지리 주택)

주방 입구의 벽면에 있어 식탁에 앉으면 보인다. (누마지리 주택)

불단이나 신단 장소도 평면에 넣는다

불단이나 신단은 매우 중요하지만 인테리어에 적용하기 난해한 존재이기도 합니다. 최근에는 다다미방을 없애는 경우가 많아 불단이나 신단을 거실에 두는 집도 적지 않습니다. 불단을 놓을 때는 벽이나 가구와 잘 어울리는 문을 달거나 가벽을 세워 시선을 차단하는 방법이 있습니다.

그럴 경우, 주변 인테리어와 조화를 이루는 문이나 칸막이를 선택합니다. 신단은 방향을 잘 지키면서도 입구에서 눈에 띄지 않는 장소에 자연스럽게 만드는 것이 이상적입니다.

거실 입구에 있는 불단. 다다미방에 있던 난간을 가공하여 칸막이로 사용. 눈에 잘 띄지 않지만 쉽게 드나들 수 있는 곳. (다치하라 주택)

다다미방 입구 위에 신단을 설치했다. 문을 열어 놓아도 거실 쪽에서는 보이지 않는다. (야마모토 주택)

리모델링으로 작품을 장식할 공간을 만든다

    수예나 공예 작품을 눈에 잘 띄는 곳에 예쁘게 장식하고 싶은 건 당연지사. 그런 공간을 만드는 것이 리모델링의 목적이 되어도 좋을 것 같습니다. 분위기에 맞는 장식장을 놓아도 좋고 벽이나 문 안에 짜 넣는 방법도 있습니다. 손님의 눈에 띄는 곳에 장식해 두면 화젯거리가 되어 활발한 대화를 나눌 수도 있지요.

계단의 중간, 거실에서 보이는 장소에 서예 작품을 걸고 전용 브래킷(조명)을 설치했다. (이토 주택)

리모델링하는 김에 포슬린 아트 작품을 장식할 선반을 설치했다. 철거가 안 되는 기둥은 루버를 이용해 보기 좋게 꾸민다. (아시다 주택)

수납장 창호 안에 자수 작품을 장식하기 위한 액자를 짜 넣었다. 인테리어의 포인트 역할을 한다. (사카이 주택)

다이닝룸과 거실에서 잘 보이는 곳에 앤티크 가구를 놓고 직접 만든 인형 작품을 장식했다. (다키모토 주택)

Renovation 5 | 취향과 취미를 중시한다

자신의 취향을 중시한다

자유로운 발상으로
자신에게 맞는 집을 만든다

거실에서 휴식하며 지내기 위해 천장에 해먹을 달았다. (우라사키 주택)

시니어가 된 후에 하는 리모델링의 장점은 자신이 좋아하는 것, 하고 싶은 것을 확실히 알고 있다는 점입니다.

'악기 연습을 하고 싶다', '운동을 하고 싶다' 등 새로운 집에서 실현하고 싶은 것을 생각해 보세요. 취미에 쓰는 시간도, 손님을 초대하는 빈도도, 사람마다 다르기 마련입니다.

어떤 생활 방식이 자신을 기분 좋게 만드는지, 어떤 설비가 있으면 릴랙스할 수 있는지 생각해 보세요. 그것을 집에 표현해 보시기 바랍니다.

아침에 일어나 거실에서 요가 하는 아내를 위해 공간을 넓게 만들고 미닫이문에 거울을 설치했다. (나카노 주택)

거실 한쪽에 독서와 공부를
하기 위한 서재를 만들었다.
(후쿠야마 주택)

다이닝룸 카운터 끝에 만든 와인셀러. (후쿠야마 주택)

거실을 자기만의
라운지로 만든다

고급 호텔에는 특별한 손님만 들어갈 수 있는 '이그제큐티브 라운지'가 있습니다. 거실을 자기만의 특별한 라운지라고 생각해 보세요. 하루의 피로를 풀고 편안한 휴식을 취하기 위해 무엇이 필요할까요? 차를 내리는 코너가 있어도 좋고, 술을 좋아하는 사람이라면 바 카운터나 와인 셀러를 설치하는 것도 좋습니다.

주방의 상부장 일부에 설치한 와인잔
수납 공간. (후쿠야마 주택)

Renovation 5 | 취향과 취미를 중시한다

요리가 취미라면
주방을 집의 중심으로 만든다

은퇴했거나 육아가 일단락되고 나면, 시간을 들여 느긋하게 요리하고 싶어 하는 분이 많아지는 것 같습니다. 편리하면서도 요리가 즐거워지는 주방을 생각해 보세요. 일반적으로는 식탁이나 거실이 집의 중심인 경우가 많은데, 주방이 중심에 있는 평면도 좋은 것 같습니다. 주방에서 많은 시간을 보내는 사람에게 특히 추천합니다.

빵 만들기나 보존식 만들기 등 하고 싶은 일에 따라 필요한 가전 설비나 수납 플랜이 조금씩 달라집니다. 요리하는 사람이 주인공이 되는 주방을 만들어 보세요.

밝은 빛이 가득 들어오는 아일랜드 주방.
넓은 카운터에서 요리를 즐길 수 있다.

뒷면 카운터의 수도 배관 때문에 안길이가
얕아진 부분은 향신료 수납 공간으로 사용.
식기류 수납 공간도 넉넉하게.

(다나베 주택)

다이닝룸과의 사이에 창이 있는 '세미 오픈형' 주방.
주방에 있는 사람의 모습이 잘 보이지 않았다.

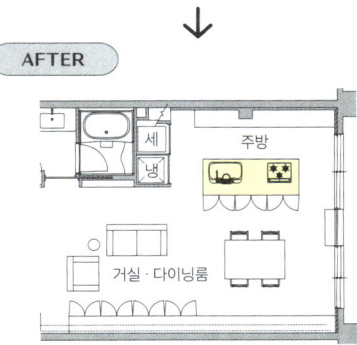

주방으로의 출입이 쉽고 2~3명이 함께 주방에 설 수 있다.

거실·다이닝룸과 하나로 이어지는 주방. 가족이나
손님과 대화하면서 요리를 즐길 수 있다.

| Renovation 6 | 노후를 마음 편히 지낸다 |

'에이징 인 플레이스(Aging in Place, 지역 거주)'라는 용어가 주목받고 있습니다. '오랫동안 생활하던 익숙한 장소에서 자기답게 여생을 보낸다'는 뜻입니다.

간병이 필요해진 뒤에도 조금이라도 더 오래 정든 집에서 도움받으며 살고 싶어 하는 사람이 많습니다. 배리어 프리 구조를 만들거나 자녀들과 함께 살 수 있도록 만드는 등 노후 대비를 위한 다양한 리모델링 방법이 있습니다.

(요시이 주택)

• 간병 생활에 대비한다

배리어 프리 구조를 만든다

누구나 피하고 싶은 주제이지만 언젠가는 간병이 필요한 날이 올 수 있습니다. 건강하게 움직일 수 있을 때 배리어 프리 리모델링을 해 두면 안심하고 노후를 보낼 수 있습니다.
배리어 프리 집은 자신을 위할 뿐만 아니라 간병인의 부담도 줄일 수 있는 집입니다.

(하라 주택)

※ 배리어 프리(Barrier Free) 시공이란 장벽(barrier)을 제거하여 노약자나 장애인도 불편함 없이 생활할 수 있도록 공간을 만드는 것을 말한다.

• 2대가 함께 산다

가치관 조정이 중요하다

자녀의 결혼이나 출산을 계기로 2대가 함께 사는 집을 생각하는 사람도 있을 것입니다. 플랜을 생각할 때 먼저 결정할 것은 어디까지 공유할 것인가 하는 점입니다.
부모 세대와 자녀 세대는 생활 스타일이나 가치관이 다를 가능성이 크므로 서로가 원하는 바를 충분히 이해한 후에 플랜을 고민해야 합니다.

(우에바야시 주택)

간병 생활에 대비한다

리프트를 설치할 수 있도록 계단을 넓게 만든다

난간을 설치하고 계단의 폭을 넓혔다.

―――― (고미야 주택) ――――

1층에서 2층으로 가는 계단은 폭 760mm의 좁고 구부러진 계단이었다.

↓

리프트를 설치해도 방해가 되지 않도록 폭을 1050mm로 넓혔다. 난간을 설치하고 단차도 줄였다.

최대한 오랫동안 집에서 살고 싶다면 휠체어 생활을 미리 생각해 두는 것이 좋습니다. 복도를 넓히거나 단차를 없애는 것 외에도 리프트(휠체어 승강기) 설치를 대비해 계단을 리모델링해 두도록 추천합니다. 구부러진 계단에도 리프트를 설치할 수 있지만, 직선 계단이 더 설치하기 쉽고 비용도 절감됩니다. 폭은 넓게 만들어 두어야 안심입니다.

화장실에 양방향으로
들어갈 수 있는 문을 설치한다

휠체어로 들어가거나 도우미의 손을 빌린다고 가정하면 화장실 변기의 앞과 옆 공간에는 여유가 있어야 합니다. 그러나 현실적으로 공간 확보가 어려운 경우가 있을 것입니다.

이럴 때 출입구를 하나가 아니라 두 개 설치하면 편리하게 사용할 수 있고 간병 시에도 편합니다. 두 사람이 함께 환자를 보살피기에도 좋습니다. 화장실은 최대한 침실과 가까운 곳에 만드는 것이 핵심입니다.

침실에서 세면실, 화장실, 욕실로 이어지는 평면. 화장실 입구가 두 군데 있어서 환자를 보살피기 쉽다. (고미야 주택)

의자를 넣을 수 있는
세면대가 있으면 안심

화장대에서 화장하는 대신 세면실에서 화장을 하는 사람이 많은 것 같습니다. 그 밖에도 염색이나 틀니 관리 등 세면실에서 보내는 시간이 과거에 비해 훨씬 길어지게 되지요.

세면대에서 의자를 사용할 수 있도록 만들면 쾌적하게 지낼 수 있습니다. 세면 카운터 아래를 오픈하고 카운터의 높이를 조금 낮추면 휠체어 생활을 하더라도 편하게 사용할 수 있습니다.

세면대 아래를 오픈형으로 만들고 의자를 넣어 사용할 수 있도록 했다. (아시다 주택)

1층에 있는 욕실은 2대가 공유. 탈의실은 각각 설치하고 동선이 겹치지 않도록 입구를 2개로.

2대가 함께 산다

2대가 함께 사는 주택의 리모델링을 할 때 가장 먼저 결정해야 하는 것은 공유 부분입니다. 부모 세대와 자녀 세대의 생각이 다른 경우가 있으므로 미리 조정해야 합니다. 현관이나 욕실을 공유하는 경우는 두 세대가 편하게 왕래할 수 있도록 만듭니다.

특히 주의해야 할 것은 소리와 관련된 문제입니다. 서로 다른 생활 리듬으로 인해 발생하는 소음은 아무리 가족이라고 해도 거슬리기 마련입니다. 1층에 부모님이 사는 경우, 침실 위에는 방이 아닌 발코니 등을 만드는 것도 좋은 방법입니다.

각 세대가 설계자와 직접 협의를 거치는 것이 모두의 만족도를 높이기 위한 비결입니다.

자녀 세대의 세탁기 아래쪽 층에는 화장실을 배치. 소리가 나도 별로 신경 쓰이지 않는다.

다른 자녀가 이따금 찾아와 자고 가는 손님방도 부모님이 거주하는 1층에 만들었다.

1층 부모 세대의 LDK. 앉고 서기 편하도록 의자와 테이블은 나지막하게 만들었다.

2층의 자녀 세대 주방. 세탁기가 주방에 있는 평면으로, 바쁜 부부에게 편리. 평상시에는 문 뒤에 가려 있어 보이지 않는다.

2층에 있는 두 아이의 방. 아래가 현관이므로 소리를 내도 별 문제가 없다.

(우에바야시 주택)

BEFORE

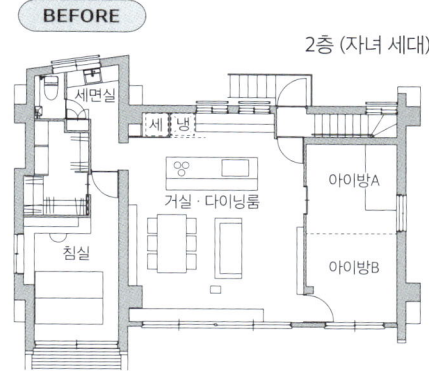

부부와 두 자녀가 산다. 아이방은 현재 하나의 넓은 방이지만 향후 2개의 방으로 나눌 예정.

↓

AFTER

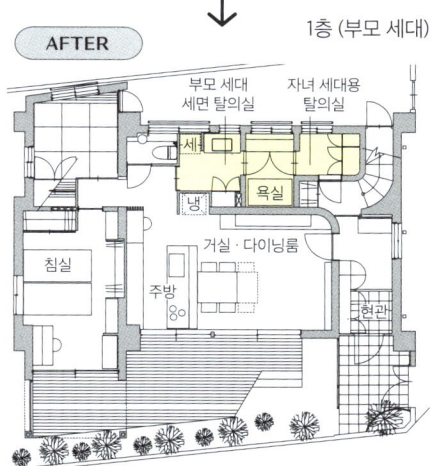

1층 욕실은 공용이지만 탈의실을 따로 만들어 각자의 방향에서 욕실로 들어갈 수 있다.

2층 LDK. 주방의 다이닝룸 쪽 카운터와 창가에 넉넉한 수납 공간을 만들었다.

COLUMN

배리어 프리 리모델링의 포인트

고령이 되거나 거동이 불편한 몸이 되어도 안심하고 살 수 있는 집으로 만드세요.
돌봐주는 사람에게도 편리한 평면을 만드는 것이 포인트입니다.

계단, 화장실, 욕실은 특별히 더 안전하게

　시니어 리모델링은 거동이 불편하거나 신체가 자유롭지 못해도 안전하고 쾌적하게 살 수 있도록 배리어 프리 사양으로 만들어야 합니다. 발이 걸려 넘어지지 않고 휠체어가 이동하기 쉽도록 집안의 단차를 없애고, 난간을 설치하거나 창호를 미닫이문으로 바꿉니다. 특히 서거나 웅크리는 동작이 많은 화장실과 미끄러지기 쉬운 욕실은 아이디어가 필요합니다. 경사가 가파르거나 디딤판의 안길이가 얕은 계단도 리모델링을 통해 교체하도록 합니다. 단열 시공으로 집안의 온도 차를 없애 히트 쇼크를 방지하는 것도 중요합니다.

01 난간 설치

이동하거나 일어서는 장소에 손잡이 하나만 있어도 동작이 한결 편해진다. 현관의 턱이나 계단, 화장실, 욕실 등에 난간이 필요

02 단차를 없앤다

작은 단차일수록 걸려 넘어지기 쉽다는 것은 알려진 사실이다. 문턱을 없앤 후에는 주변 바닥과 높이가 같은 목재를 매립하는 등의 방법으로 평평하게 만들 수 있다.

03 계단의 경사를 완만하게 만든다

단차가 크거나 디딤판의 안길이가 얕은 계단은 헛디디거나 넘어질 우려가 있으므로 리모델링을 통해 개선하는 것이 좋다.

(오카자키 주택)

(이토 주택)

(고미야 주택)

[재택 간병을 대비한 리모델링]

화장실

간병하기 쉬운 구조로 만든다

서거나 앉는 동작이 필요한 화장실에는 공간적 여유가 있어야 한다. 입구가 두 군데 있으면 환자를 케어하기 쉽다. 여닫이문은 미닫이문이나 접이식 문으로 교체하고 몸을 지탱할 수 있는 안전 손잡이를 달아야 한다.

세면실 쪽과 복도 쪽에 2개의 출입문이 있다. (쓰카하라 주택)

안전 손잡이가 있으면 앉을 때나 설 때 균형 잡기가 쉽다. (오카자키 주택)

미닫이문

문 근처에 안전 손잡이를 설치한다

여닫이문보다는 미닫이문이 더 부드럽게 열고 닫힌다. 다만 레일이 상부에 설치된 미닫이문의 경우, 소프트 클로즈(닫히기 직전 속도가 느려지는 기구) 시스템이 고령자에게는 뻑뻑하게 느껴지는 경우도 있다. 힘을 가할 때 안정감을 느낄 수 있도록 가능하면 문 근처에 난간을 설치하는 게 좋다.

욕실

유닛형 욕실을 설치해 냉기를 막고 안전하게

단열과 안전을 고려하면 유닛형 욕실로 변경하는 것이 좋다. 바닥재와 욕조가 미끄럽지 않고 욕조도 너무 깊지 않아서 안심. 안전 손잡이를 증설하거나 히트 쇼크를 방지하기 위해 욕실 난방을 설치하면 좋다.

(오카자키 주택)

(다키모토 주택)

Renovation 7 | 개방감을 유지하며 프라이버시를 지킨다

자연광과 통풍, 야외 경치나 녹색 정원은 쾌적한 삶을 위해 꼭 필요한 요소입니다. 그러나 모처럼 햇살이 좋은 대낮에도 커튼을 닫고 지내는 집이 드물지 않은 것 같습니다.

창이 너무 크거나 바깥의 시선을 차단할 방법이 없으면 안정된 일상을 누릴 수 없습니다. 리모델링을 통해 커튼을 활짝 열고 살 수 있게 되면 생활이 완전히 바뀝니다.

(후쿠치 주택)

(엔도 주택)

• 시선을 차단한다

통풍과 채광을 확보하면서 방법을 연구할 것

바깥의 행인과 눈이 마주치는 집에서는 안정된 생활을 할 수 없습니다. 그렇다고 종일 커튼을 치고 살면 바람도 빛도 통하지 않지요. 나무를 심거나 담장을 만드는 방법도 있지만, 우선 창의 크기나 위치만 바꿔도 살기 편해집니다. 더 간단한 것은 로만쉐이드 커튼을 사용하는 방법입니다.

• 정원으로 에워싼다

닫힌 공간을 만든다

집의 둘레를 정원으로 에워싸면 프라이버시가 유지되고 실내에서도 초록을 만끽할 수 있습니다. 도로와 접한 정원이 아닌 중정으로 꾸며도 외부의 시선을 신경 쓰지 않고 풍경을 즐길 수 있습니다. 루버나 식재를 울타리로 이용하면 빛과 바람을 끌어들일 수 있습니다.

(사카모토 주택)

(우에바야시 주택)

• 현관문을 숨긴다

외부에서 직접 보이지 않도록 만든다

현관문이 도로와 접해 있는 집은 택배가 오거나 손님이 방문하는 등 문을 열 때마다 집 안이 훤히 노출됩니다. 이럴 때 현관문 앞에 벽이나 루버를 세우면 안심하고 살 수 있습니다. 집안이 직접 노출되지 않도록 리모델링을 고려해보세요.

시선을 차단한다

**빛은 들어오되
실내가 보이지 않도록 연구한다**

　'창은 무조건 커야 좋다'고 생각하는 경우도 있는데, 꼭 그런 것만은 아닙니다. 길거리 쪽으로 큰 창이 나 있으면 외부 시선이 신경 쓰여서 결국엔 늘상 커튼을 치고 불을 켠 채 지내게 됩니다. '창이 작으면 어둡다'는 것도 오해입니다. 창문은 면적이 작아도 높은 곳에 설치하면 집 안쪽까지 빛이 들어옵니다. 스테인드글라스처럼 빛은 통과하지만 시선은 차단하는 유리를 활용하는 것도 좋은 방법입니다.

계단 보이드의 창에 스테인드글라스를 사용했다. 외부의 시선을 신경 쓸 필요가 없다. (신치 주택)

옆집이 새로 건축되면서 항상 커튼을 치고 살게 되었다. 리모델링으로 창틀에 스테인드글라스를 넣었다. (신치주택)

위로부터의 시선이 신경 쓰일 때는 쉐이드를 이용. 신경 쓰이는 높이까지만 내려 빛을 들이고 있다. (사이토 주택)

로만쉐이드 커튼이나 루버로 시야를 컨트롤

대대적인 리모델링 없이도 간편하게 시야를 컨트롤하는 방법이 있습니다. 좌우로 여는 커튼을 상하로 여는 로만쉐이드 커튼으로 바꾸면 됩니다. 아래쪽만이 아니라 위아래로 열 수 있는 쉐이드라면 부분적으로 시선을 차단하면서 빛을 들일 수 있습니다.

쉐이드를 활용하면 일반 커튼에 비해 집이 넓고 깔끔해 보인다는 장점도 있습니다. 창문에 목제 루버를 설치하는 것도 좋은 방법입니다. 프라이버시를 지키면서 빛과 바람을 끌어들이고 바깥 경치를 즐길 수 있습니다.

중정 쪽으로 낸 창 앞에 세로형 목제 루버를 설치. 좌우에 있는 방은 시선이 차단되어 보이지 않는다. (오카자키 주택)

COLUMN
빛은 통과하고 시선은 차단하는 루버 구조

루버란 길쭉한 판재나 두툼한 각재를 일정한 간격으로 배열한 것. 재료의 각도에 따라 외부로부터의 시선과 햇빛을 차단할 수 있다.

정원으로 에워싼다

제대로 에워싸면
개방감을 유지할 수 있다

정원 주위를 에워쌀 때는 루버 형태의 판자 울타리를 사용하는 경우가 흔합니다. 외부와 내부를 완전히 차단하지 않고 틈새가 있는 루버로 칸막이를 하면 차가운 느낌을 주지 않으면서 통풍도 확보할 수 있습니다.

외부의 시선을 완전히 차단하고 싶으면 시선 높이에 있는 슬릿의 사이즈를 조정하면 됩니다. 거실과 목제 데크의 바닥 높이를 맞추고 높직한 담으로 둘러싸면 두 공간에 일체감이 생겨 거실이 넓게 느껴집니다.

정원 전체를 높직한 판자 울타리가 에워싸고 있다. 루버 형태의 판자 울타리는 배경을 정돈하고 식재를 아름다워 보이게 하는 효과도 있다. (미야우치 주택)

이웃집 창이 있는 위치에 판자 울타리를 설치해 시선을 차단했다. 목제 데크는 확장된 거실처럼 만들었다. (아시다 주택)

중정은 벽을 대신해 바깥과 집을 구분하고 프라이버시를 지켜준다. 집안 곳곳에서 녹색을 볼 수 있다는 장점이 있다. (아라이 주택)

현관문을 숨긴다

문이 도로를 향해 있으면 가림벽을 세운다

현관문이 도로와 접해 있으면 문을 열어 택배나 방문객을 응대할 때 외부의 시선이 신경 쓰여 불안하지 않을까요?

리모델링으로 현관문 앞에 가림벽을 세우면 외부의 시선을 신경 쓰지 않아도 되므로 훨씬 더 쾌적해집니다. 벽 대신 루버를 활용하면 빛과 바람을 들이면서 자연스럽게 시선을 차단할 수 있습니다.

루버를 설치한다면 사용하는 목재의 치수와 틈새의 치수를 조정하여 옆에서의 시선이 충분히 차단되도록 합니다.

현관 앞에 벽을 세워 문을 숨겼다. 노출 콘크리트 벽과 문패, 조명, 우체통 등도 일체형으로 디자인했다. (무코야마 주택)

큰길에 접해 있는 현관. 앞쪽에 루버를 세웠다. 같은 소재로 현관의 왼쪽 벽을 덮어 디자인에 통일감을 주었다. (고미야 주택)

도로에서 보이지 않는 위치에 현관을 다시 만든다

현관 앞에 진입로가 있는 경우에도 마찬가지로 문이 보이지 않도록 연구합니다. 이를테면 벽을 좌우로 엇갈리게 설치해 문이 노출되지 않게 만드는 방법이 있습니다.

이때도 루버와 같은 각재를 활용하면 틈새가 비치기 때문에 압박감이 덜합니다. 거기에 초목까지 심으면 기분 좋은 진입로가 완성됩니다.

루버 틈새로 집안이 보이지 않도록 식재를 활용했다. (미야우치 주택)

좌우에 담을 세워 밖에서는 현관문이 보이지 않는다. 루버와 식재로 부드러운 느낌을 준다. (아시다 주택)

(아시다 주택)

2세대 주택이었을 때의 현관. 문이 도로와 직접 면해 있었다.

↓

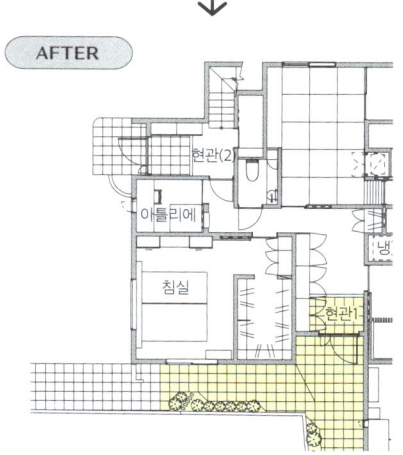

메인 현관의 위치를 바꾸고 진입로를 만들었다. 밖에서는 현관문이 보이지 않는다.

Renovation 8 | 자연을 느끼며 산다

무심코 고개를 들면 어디서나 초록이 눈에 들어오는 집. 그런 곳에서의 생활을 꿈꾸게 됩니다. 창을 액자 삼아 바라보는 자연의 풍경은 그 어떤 인테리어보다 마음을 치유해 주지요. 식재나 바깥의 경치가 아름답게 보이도록 리모델링으로 창의 위치와 크기를 바꿔 보는 건 어떨까요?

(아라이 주택)

(오카다 주택)

• 창 밖의 경치

창이 있는 곳에 식재를

거실이나 다이닝룸은 물론이고, 집의 여러 다양한 곳에서 창밖의 녹색을 바라볼 수 있다면 기분이 좋아지게 마련입니다. 창이 있는 곳에 식재를 배치해 나무로 둘러싸인 듯한 기분으로 지낼 수 있도록 만드세요.

우리 집 정원이 아니어도 괜찮습니다. 이웃집 정원의 식재나 공원의 녹음이 보이도록 창을 만들기도 하는데 이런 방법을 '차경'이라고 합니다.

• 정원 가꾸기

관리하기 쉬운 정원을 즐긴다

정원이 있으면 좋기는 한데 관리가 조금 부담스럽지요? 이럴 때 추천하는 것이 잔손이 덜 가는 잡목을 배치하는 것입니다. 가지치기와 잡초 뽑기의 수고가 덜하고, 보다 자연 속에 있는 듯한 분위기를 즐길 수 있습니다.

목제 데크를 설치해 제2의 거실로 활용하는 것도 추천하는 방법. 그저 바라만 볼 것이 아니라 차를 마시거나 대화를 나눌 수 있는 공간을 만들면 생활이 풍요로워집니다.

(누마지리 주택)

창 밖의 경치

정원을 보기 위한 카운터를 설치한다

육아나 회사 일이 일단락되면 나만의 시간이 늘어납니다. 사계절의 변화에 따라 표정이 바뀌는 나무들을 바라보며 느긋하게 차를 마시는 시간은 더할 나위 없이 행복하지요. 식탁에서 바라보는 것도 좋지만, 만약 바닥창이 필요 없는 장소라면 정원과 접해 있는 곳에 카운터를 설치할 수도 있습니다. 마치 카페에 와 있는 듯한 기분으로 좋아하는 풍경을 만끽할 수 있습니다.

창의 면적을 줄이고 낮은 카운터를 설치해 아래를 오픈하면 의자를 놓을 수 있습니다. 카운터의 일부는 수납장으로도 활용할 수 있습니다.

거실에는 정원으로 나갈 수 있는 큰 바닥창이 있었다.

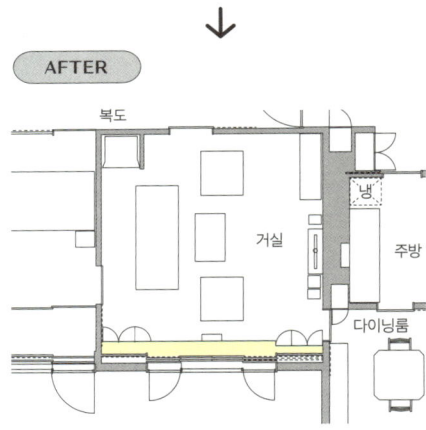

창의 면적을 줄이고 카운터를 설치했다. 창이 없는 양 끝부분은 수납 공간으로 활용.

줄어든 창을 통해서도 정원의 경치를 충분히 감상할 수 있다.

의자를 넣을 수 있는 카운터. 정원을 바라보며 차를 마시거나 독서를 즐길 수 있다.

식탁에 앉아 큰 창으로 녹색 정원을 즐길 수 있다.
(누마지리 주택)

자연에 둘러싸인 느낌의
거실과 다이닝룸을 만든다

하루 중 긴 시간을 보내는 거실이나 다이닝룸은 창밖의 경치가 중요합니다. 거실이나 다이닝룸이 정원 쪽을 향해 있다면 식재로 정원을 에워싸듯 만들어 보세요.

자연에 둘러싸인 기분으로 지낼 수 있고 외부의 시선도 차단할 수 있습니다. 정원의 식재는 거실 소파나 식탁 의자에 앉았을 때 아름다운 풍경이 눈에 들어오도록 배치하면 좋습니다.

거실 소파에 앉았을 때 아름다운 풍경이 보이도록.
(사카모토 주택)

초록과 함께 하는 매 순간이 기분 좋다

거실이나 다이닝룸 이외에도 집안 곳곳에서 녹색을 볼 수 있다면, 아침에 일어나 해가 질 때까지 늘 기분 좋게 지낼 수 있습니다.

주방에 큰 창이 있으면 요리하는 시간이 즐거워지고, 몸이 아프거나 간호가 필요해 침대에서 긴 시간을 보내는 사람에게는 침실에서 바라보는 창밖 풍경이 심신을 편안하게 만듭니다. 시간의 흐름과 계절의 변화를 느끼며 하루를 지내다보면 마음이 평온해집니다. 젊었을 때처럼 서둘러 집안일을 해낼 필요가 없어진 지금이야말로 창문 배치에 더욱 신경을 쓰면 좋겠습니다.

주방의 큰 창을 통해 바깥의 초록이 눈에 들어오므로 밝은 마음으로 요리할 수 있다. (히노 주택)

다다미방을 서양식 방으로 바꾼 침실. 부드러운 빛을 들이기 위해 툇마루와 장지문을 남겨두었다. 장지문을 열면 정원이 보인다. (다치하라 주택)

정원 가꾸기

목제 데크를 활용해 편하게 관리한다

나이를 먹어 정원 가꾸기가 부담스럽다는 이야기를 자주 듣습니다. 그러나 삶의 윤활유가 되어 주는 정원을 포기하기란 아까운 일이지요. 손이 덜 가는 정원을 만드는 방법이 몇 가지 있습니다.

첫째는 손이 덜 가는 잡목으로 식재를 하는 것입니다. 자연 그대로의 모습을 즐기는 잡목이라면 가지치기 등이 별로 필요치 않아 관리가 편합니다.

둘째로는 목제 데크 등을 활용해 정원의 면적을 줄이는 것입니다. 바닥을 거실과 같은 높이로 만들어 높직한 벽이나 판자 울타리로 둘러싸면 거실 공간이 넓어진 듯 느껴지는 효과도 있습니다.

(사카모토 주택)

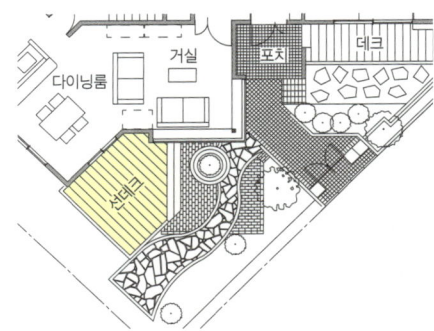

다이닝 쪽에만 작은 목제 데크가 있었다.

목제 데크의 면적을 넓혀 거실에서도 나갈 수 있도록 만들었다.

타일을 깔아 놓았던 정원에 목제 데크 공간을 늘려 거실의 연장으로 휴식할 수 있도록 꾸몄다.

그라운드 커버로 소엽맥문동을 촘촘히 깔아 잡초가 잘 자라지 않고 눈에 띄지 않는다. (고바야시 주택·카나가와)

거실과 같은 높이의 목제 데크를 설치하고 판자 울타리를 둘렀다. 판자는 손질이 필요 없는 수지목이다. (아시다 주택)

Renovation 9 | 초대하기 좋은 집으로 만든다

'아이들이 결혼 상대를 데려오는 것에 대비하고 싶어서'라는 동기로 리모델링을 의뢰하는 분이 적지 않습니다. 부부가 쾌적하게 지낼 수 있도록 하는 것은 물론이고, '이대로는 손님을 초대할 수 없다'는 생각도 리모델링의 계기가 됩니다. 필요한 장소에 수납 공간을 충실하게 만들어 넘쳐나는 물건을 정리하는 것도 중요한 일입니다.

(우라사키 주택)

• 아늑한 거실

압박감 있는 가구를 두지 않는다

식사를 하는 다이닝룸이나 휴식을 취하는 거실은 밝고 기분 좋은 공간이기를 누구나 바랍니다. 압박감을 없애려면 가구는 크기를 고려해 선택하세요. 수납 공간을 만드는 경우에도 심플한 디자인으로 최대한 존재감을 줄여보세요. 깔끔하고 인테리어도 한층 돋보이게 됩니다.

(고미야 주택)

• 생활감을 드러내지 않는다

개인 공간을 분리한다

침실이나 욕실 같은 개인 공간과 거실이나 다이닝룸 같은 공용 공간을 구분해 동선이 겹치지 않게 만들면 손님에게 생활감 있는 부분을 숨길 수 있습니다. 화장실에 세면대와 거울을 설치한 '파우더룸'을 만들면 손님이 있을 때 편리합니다.

(히라야마 주택)

• 손님방 만드는 법

다양하게 사용할 수 있는 공간으로

리모델링으로 다다미방을 없애는 경우가 많은데, 좁아도 좋으니 남겨두는 건 어떨까요? 자녀들이나 친척이 자고 갈 때 손님방으로 사용할 수 있어 편리합니다. 평소에는 거실과 한 공간처럼 사용하고, 손님이 왔을 때만 칸막이를 해 사용하는 플랜을 추천합니다.

(고다케 주택)

가구를 없애 개방감 있고 넓은 거실·다이닝룸으로 사용.

아늑한 거실

밝고 심플한 공간이 이상적

거실과 다이닝룸은 가족이 모여 편안하게 휴식하는 장소입니다. 그러나 실제로는 벽으로 막혀 있어 빛이 들어오지 않거나 키 큰 수납 가구 때문에 답답함을 느끼는 경우가 있지요. 리모델링으로 벽을 허물고 거실과 다이닝룸, 때로는 주방까지 일체화하면 밝고 개방감 있는 공간으로 만들 수 있습니다.

키 큰 가구를 두는 대신 카운터식 수납장과 상부장을 만들면 압박감이 줄어 넓게 느껴집니다. 수납장은 심플한 색과 디자인으로 벽과 같게 만들면 존재감을 없앨 수 있습니다.

(요시이 주택)

BEFORE

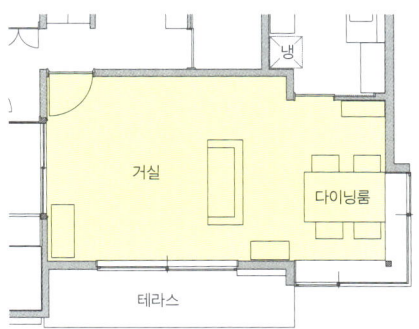

붙박이 수납장이 없어서 가구를 많이 두었다.

↓

AFTER

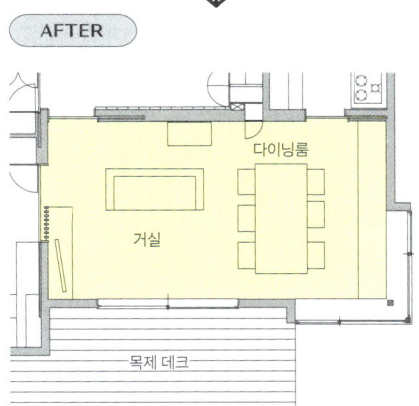

다이닝룸에 대용량 카운터 수납장을 설치. 바닥과 같은 높이의 목제 데크를 깔아 실제보다 넓어 보인다.

자녀나 친구들이 식사하러 올 때를 대비해 테이블은 넓게 6~8인용으로.

천장에서부터 쉐이드를 내려 창의 내림벽을 가리면 실내가 깔끔해 보인다.

COLUMN

배선이 보이지 않도록 연구한다

텔레비전 주위의 배선이 보이면 어수선한 인상을 주게 된다. 벽이나 TV 받침대에 구멍을 뚫어 배선을 숨기는 등 깔끔하게 보이도록 연구한다.

거실·다이닝룸 카운터에 배선을 넣기 위한 구멍을 뚫었다.

벽 안으로 배선을 넣었다.

(오카자키 주택)

BEFORE

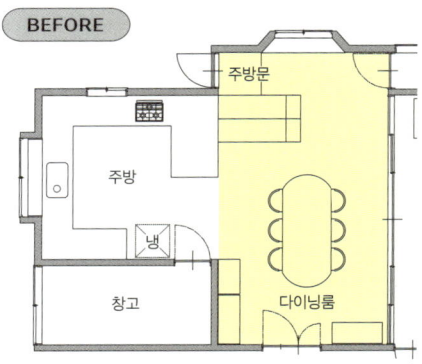

다이닝룸에 수납장이 없어서 큰 가구를 설치. 다이닝룸에서 주방이 훤히 노출됐다.

↓

AFTER

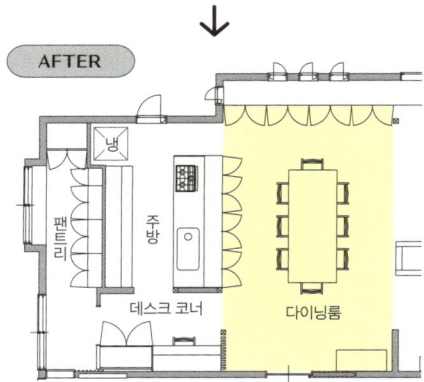

주방의 방향을 바꿔서 오픈형으로. 다이닝룸에는 넉넉한 카운터 수납장을 설치했다.

식사를 즐기기 위한 공간을 디자인한다

다이닝룸은 가족 수에 맞춰 디자인합니다. 자녀와 손자들이 자주 방문하거나 손님이 많은 집은 큰 테이블이 필요합니다. 다이닝룸은 식사 외에도 다양한 일을 하는 공간이므로 물건으로 어질러지기 쉽습니다. 식사 시에 재빨리 테이블 위를 리셋할 수 있도록 수납 공간을 충실하게 만들 필요가 있습니다. 테이블 위에 펜던트 라이트를 달면 인테리어 포인트가 됩니다.

COLUMN

펜던트 라이트 설치에 대하여

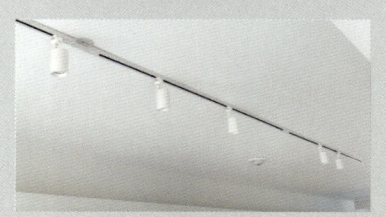

여러 개의 등을 단다면 테이블 길이에 평행하도록 설치한다. 덕트 레일을 설치해두면 가구 배치를 바꿀 때 식탁 위치를 변경해도 그에 맞게 대응할 수 있다.

식탁과 주방 사이에 '차 코너'가 있으면 편리

집에서 느긋하게 차를 마실 시간이 있다는 것도 시니어 세대만의 즐거움입니다. 다이닝룸이나 주방 공간에 여유가 있다면 '차 코너'를 만드는 것도 좋습니다. 차 코너에는 차 도구와 컵, 찻잔 등을 수납할 수 있는 카운터를 만들고 카운터 위에서 차를 내릴 수 있도록 합니다. 물 끓이는 주전자도 여기에 두면 손님에게 차를 낼 때 일일이 주방에 들어가지 않아도 되니 편리합니다.

(위) 아내의 작업 데스크(앞쪽) 옆에 있는 차 코너. 손님이 많은 집이라 편리. (아래) 주방에서 다이닝룸으로 가는 동선상에 있다. (오카자키 주택)

(오른쪽) 카운터 안에 여러 종류의 차와 식기가 수납되어 있고 카운터 위에서 차를 내릴 수 있다. (위) 주방과 다이닝룸 사이에 있다. (고미야 주택)

생활감을 드러내지 않는다

빨래 건조장에 신경 쓴다

(왼쪽) 옷장 옆에 있는 빨래 건조대. 루버 안쪽에 설치되어 있다. (위) 널려 있는 세탁물이 거실 쪽에서는 보이지 않는다. (요시이 주택)

집은 멋진데 생활감이 너무 드러나서 실망스러운 경우가 가끔 있습니다. 대표적인 것이 발코니에 널려 있는 빨래입니다. 수건은 건조기 사용을 추천합니다만 바깥에 널고 싶은 경우에는 거실이나 다이닝룸에서 보이지 않도록 연구합니다. 판자 울타리를 세우고 안쪽에 건조봉을 설치하는 방법이 있습니다. 판자 울타리에는 틈새를 만들어 시선은 차단하지만 바람은 통하게 합니다.

COLUMN

보이고 싶지 않은 것은 블라인드 존에 배치

전기 스위치나 급탕기 조작 패널 등은 최대한 잘 보이지 않는 위치(블라인드 존)에 모아서 배치.

파우더 룸이 있으면
세면실에 가지 않아도 된다

세면실은 각자의 개인적인 물건으로 가득한 생활감 넘치는 장소입니다. 손님에게 사용을 권하기 망설여지는 경우도 있지요. 이럴 때는 화장실에 세면대를 설치해 '파우더 룸'으로 만드는 플랜을 추천합니다. 화장실을 2군데 만든다면 파우더 룸은 현관과 가까운 곳에 마련하세요. 감염병이 걱정되는 계절에는 집에 들어가기 전에 손을 씻을 수 있어 편리합니다.

화장실에 세면대와 거울을 설치해 파우더룸으로.

(미야우치 주택)

현관 홀 옆에 화장실이 있었지만 세면대와 거울은 달지 않았다.

↓

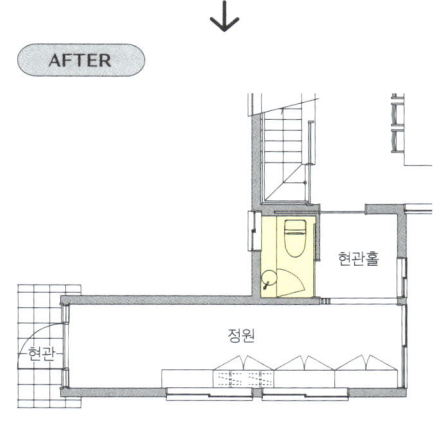

화장실에 세면대와 거울을 설치해 파우더룸으로.

거실 옆에 있는 다다미방. 플리츠 스크린을 내리면 방이 된다.

손님방 만드는 법

칸막이를 이용해 방으로 변신

리모델링을 할 때, 자주 쓰지 않는 다다미방을 없애는 경우가 종종 있습니다. 그러나 만약 공간적 여유가 있다면 작은 다다미방을 만들어 두는 게 편리합니다. 가족이나 친척이 왔을 때 침실로 사용할 수 있기 때문이지요.

하지만 손님이 없을 때 전혀 쓰지 못하는 방이라면 아까운 생각이 들겠지요? 그래서 추천하는 플랜이 손님방을 거실과 이웃한 공간에 만드는 것입니다. 평소에는 거실의 일부로 사용하다가 손님이 왔을 때만 칸막이를 이용해 방으로 바꿀 수 있습니다.

칸막이로는 미닫이문을 사용하는데, 미닫이문을 넣을 장소가 없는 경우에는 쉐이드 스크린을 사용하는 방법도 있습니다.

(고다케 주택)

LD 옆의 다다미방이 부부 침실이었다. 손님이 묵을 수 있는 방이 없었다.

자녀가 독립하면서 부부 침실을 북쪽으로 옮기고 넓은 LDK를 만들었다. 새롭게 거실 옆에 손님방으로 쓸 다다미방을 만들었다.

(위) 칸막이를 모두 오픈한 상태. 서재로도 사용할 수 있다. (아래) 칸막이 하나를 닫은 상태. (오른쪽) 칸막이를 모두 닫은 상태. 방이 2개가 된다. (다나베 주택)

(왼쪽) 거실 옆에 있는 침실. 루버 미닫이문이 칸막이 역할을 한다. (오른쪽) 정면의 왼쪽은 이불을 보관하는 벽장. 벽에 카운터가 있으면 물건을 둘 수 있어 편리하다. (사이토 주택)

COLUMN

1인 가구의 리모델링 포인트

고령이 되어 1인 가구가 될 수도 있습니다.
혼자서도 살기 좋은 평면을 생각해 보세요.

(다키모토 주택)

쾌적한 생활을 위한 평면을 생각한다

　시니어 1인 가구는 생활 동선이나 집안일 동선이 너무 길면 생활이 힘들어집니다. 집이 넓다면 일상생활에 사용하는 공간을 콤팩트하게 정리해 동선이 짧아지도록 연구하세요. 특히 침실과 세면실, 화장실은 가까이 있어야 안심입니다.

　'지금은 둘이 살고 있지만 언젠가 혼자가 된 후에도 살기 편한 집으로 만들어 두고 싶다'는 분도 있습니다. 그런 생각이 들 수도 있을 것 같습니다. 집이 쾌적하면 기분이 밝아집니다.

01

식탁에서 바라보는 전망에 신경쓴다

건강을 유지하려면 식사 시간이 중요하다. 환한 다이닝룸에서 벽이 아닌 정원을 바라보며 식사를 할 수 있다면 혼밥 시간도 풍요로워진다. 아파트에서도 발코니나 집 한쪽에 관엽식물을 두면 아늑한 공간을 연출할 수 있다.

큰 창이 있는 다이닝룸. 앉아서 정원을 바라볼 수 있도록 테이블과 의자를 배치했다. (다치하라 주택)

02 작은 집은 칸막이를 하지 않고 원룸처럼 사용한다

콤팩트한 집은 1인 가구가 살기 편하다. 다만 세세하게 방을 구분하면 각각의 방이 좁아지고 채광도 나빠지기 십상. 리모델링으로 방의 벽을 허물어 넓은 원룸처럼 사용하면 쾌적해진다. 방과 방 사이는 가구나 루버 등으로 느슨하게 구분한다

LDK와 침실 사이를 소파와 낮은 가구로 구분하고 있다. 손님이 오면 벽 안에 들어가 있는 4장의 미닫이문으로 칸막이를 할 수 있다. (다키모토 주택)

침대가 보이지 않도록 LD와 침실 사이를 루버로 가렸다. (이와사와 주택)

03 큰 집은 침실을 넓고 여유 있게 만든다

집이 크다면 침실 위치를 재검토해보자. 리모델링 하는 김에 이불에서 침대로 라이프 스타일을 바꾸는 것도 추천한다. 창이 있는 밝은 방을 침실로 만들면 쾌적하고, 침대 주위에 공간이 있으면 나중에 간병이 필요해지더라도 안심이다. 침대 옆에 나지막한 가구나 카운터가 있으면 스마트폰이나 안경 등 작은 물건을 둘 수 있어 편리하다.

넓은 방 한가운데 침대를 설치. 장지문을 열면 침대에서 정원의 녹색이 잘 보인다. (다치하라 주택)

두 군데에 창이 있어 밝고 널찍한 방을 1인 침실로. (아오키 주택)

Renovation 10 | 리모델링의 문제를 해결한다

리모델링은 구조에 따라 할 수 있는 것과 할 수 없는 것이 있습니다. 특히 아파트는 단독 주택에 비해 제한이 많습니다. 철거할 수 없는 기둥이나 벽이 있을 수 있고, 수도 배관의 이동이 불가능할 수도 있습니다. 그러나 기술 여하에 따라 해결할 수 있는 문제도 있으니 포기하지 말고 상담해 보기 바랍니다. 단독 주택의 경우 노후화 정도에 따라 리모델링이 신축보다 더 비싸게 먹힐 수도 있습니다.

(오카다 주택)

(다키모토 주택)

• 좁다

시각적 효과를 살린다

리모델링으로 평면을 바꿀 수는 있어도 면적을 넓힐 수는 없습니다. 하지만 시각적으로 비좁지 않게 느끼도록 만드는 방법은 있습니다. 집 안쪽까지 한눈에 보이도록 평면을 연구하는 것이 가장 효과적인 방법입니다.

• 벽·기둥을 철거할 수 없다

존재감을 없애도록 연구한다

여러 개의 작은 방을 하나의 큰 방으로 바꾸려고 할 때 방해가 되는 것은 철거가 불가능한 벽이나 기둥의 존재입니다. 벽은 문이나 쉐이드를 이용해 눈에 띄지 않도록 하고, 기둥은 수납 공간으로 활용하는 방법이 있습니다. 내림벽은 가능하면 철거하고 창호를 천장 높이까지 만들면 집이 넓어 보입니다.

(시마다 주택)

• 설비를 숨기고 싶다

천장이나 벽에 매립한다

에어컨이나 환기구, 배기 덕트, 배관 등 오래되고 무기질적인 설비가 눈에 띄는 장소에 있으면 집의 전체적인 인상이 나빠집니다. 리모델링으로 천장이나 벽, 수납 공간에 매립하거나 수납장으로 커버하는 등 눈에 띄지 않도록 할 수 있습니다.

(다나베 주택)

좁다

주방과 다이닝룸을 콤팩트하게 합친다

주방이 다이닝룸과 마주 보는 오픈형이면 뒷면에 수납 공간을 만들 수 있어 편리합니다. 그러나 만약 집이 좁아서 다이닝 공간을 넓게 잡을 수 없다면, 주방을 벽과 마주 보게 하고 다이닝룸과 일체형으로 만드는 방법도 추천합니다.

이 경우 주방에 뒷면 수납장을 설치할 수 없으므로 상부장을 효과적으로 활용하거나 다이닝룸의 수납 공간을 알차게 만들어야 합니다. 주방에서 다이닝룸으로 가는 동선이 짧아진다는 장점도 있습니다.

(다키모토 주택)

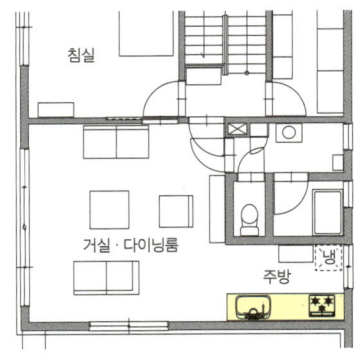

북쪽에 위치해 어두침침했던 주방. 다이닝룸 겸 거실에서 식사를 했다.

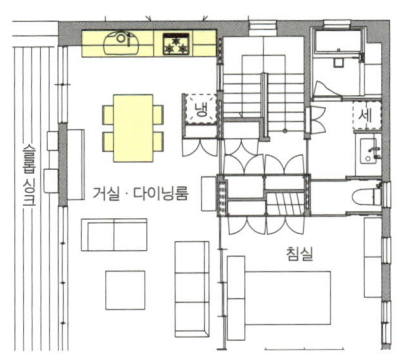

주방을 밝은 장소로 옮기고 다이닝룸과 합체. 벽을 마주 보게 만들어 공간을 절약했다.

주방과 다이닝룸을 일체화하여 콤팩트한 공간으로 만들었다.

시각적 효과를 살려
개방감을 만든다

집에 들어갔을 때 집 안쪽까지 한눈에 보이면 안길이가 생겨 넓게 느껴집니다. 특히 개방감을 느끼고 싶은 거실·다이닝룸은 벽이나 키 큰 가구에 시야가 막히지 않도록 하세요.

최대한 안쪽 방까지 시야가 트이도록 만들면 집이 넓어 보입니다. 이때 여닫이문이 아니라 미닫이문을 설치하고 벽 안에 넣은 상태가 되도록 만듭니다.

플리츠 스크린을 올리면 거실 쪽에서 방 안쪽까지 한눈에 들어온다. (쓰카하라 주택)

화장실과 세면실을
한 공간으로 합친다

좁은 공간을 효율적으로 사용하기 위해서는 화장실과 세면실을 한 공간에 합치는 방법도 있습니다. 가족이 많은 경우에는 적합하지 않지만 혼자 살거나 둘이 산다면 큰 문제 없이 사용할 수 있지요.

공간이 부족해도 세면실에는 수납 공간을 최대한 많이 만드는 것이 좋습니다. 화장실 위까지 상부장을 확장하거나 세면대 아래를 오픈하지 않고 수납장을 설치하는 방법도 있습니다.

세면대에서 변기가 있는 곳까지 카운터를 연결하고 변기와 세면대 사이에도 수납 공간을 만들었다. (니시노 주택)

벽·기둥을 철거할 수 없다

방해가 되는 벽이나 내림벽의 존재감을 없앤다

창호 위의 내림벽을 철거하면 공간이 넓어 보입니다. 그러나 외벽에 설치된 새시를 교체하는 데는 비용이 많이 들지요. 그럴 때 쉐이드 커튼을 천장에 달면 내림벽의 존재감을 없앨 수 있습니다. 어중간한 벽은 수납장 문을 조금 앞으로 내어 설치하면 문을 닫았을 때 벽이 보이지 않아 깔끔해집니다.

쉐이드 커튼을 천장에서부터 내려오도록 만들어 내림벽을 감추었다. (누마지리 주택)

(위) 철거할 수 없는 벽 바로 앞에 벽장 문을 설치. 문을 닫으면 벽이 보이지 않는다. (오른쪽) 문을 열었을 때의 모습. 벽에 거울을 설치해 기능적으로. (오카다 주택)

철거할 수 없는 기둥을 이용해 다이닝룸 수납장을 만들었다. 벽과 같은 색으로 만들어 주변과 일체감을 이룬다.

(오카다 주택)

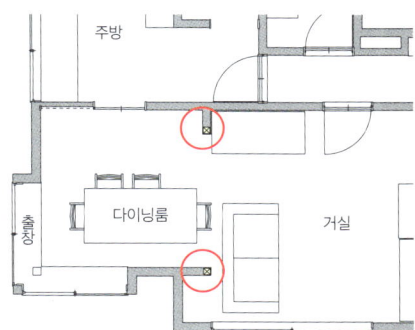

다이닝룸과 거실 사이 양쪽에 철거할 수 없는 기둥이 두 개 있었다.

↓

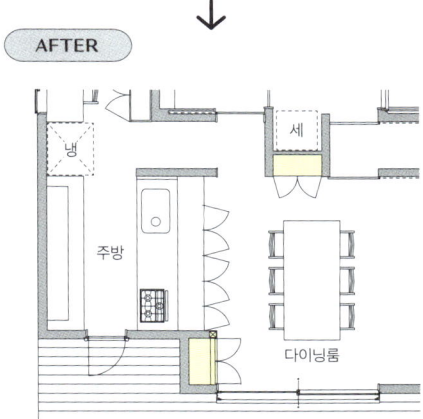

기둥을 이용해 수납장을 만들었다. 물건이 많은 다이닝룸에서 유용하게 쓰인다.

철거할 수 없는 기둥을 이용해 수납장을 만든다

리모델링을 할 때 가끔 문제가 되는 것이 도저히 철거할 수 없는 기둥의 존재. 그런 기둥은 수납 공간의 일부로 활용하는 것도 아이디어 중 하나입니다.

수납장 문은 벽이나 천장과 동일한 컬러로 고릅니다. 손잡이를 달지 않고 천장까지 닿는 높이로 만들면 벽과 일체화되어 눈에 띄지 않습니다. 그 밖에도 기둥을 하나 더 세워 장식장으로 만들거나 루버의 일부로 만드는 방법도 있습니다.

철거할 수 없는 기둥을 이용해 다이닝룸용 TV 받침대를 만들었다.

거실 소파에 앉았을 때 보이는 모습. 존재감이 느껴지지 않도록 필요한 물건들을 배치했다. (사카이 주택)

에어컨

불단

AV 기기

온열난방기

설비를 숨기고 싶다

보이고 싶지 않은 것은 주변과 일체화시킨다

리모델링할 때는 오래된 설비나 무기질적인 기구를 가리는 방법도 생각해 보시기 바랍니다. 에어컨이나 축열 난방기, TV 주변의 AV 기기는 배선이 보이지 않도록 연구합니다. 루버를 이용해 에어컨과 난방기를 가리면 냉기나 온기가 잘 통하게 됩니다.

보이고 싶지 않은 것을 잘 가리기만 해도 집이 예뻐집니다. 멋진 인테리어를 하는 것보다 나을 때도 있지요.

에어컨 송풍구

내림벽 안에 덕트를 시공하고 다이닝룸쪽에 에어컨 송풍구를 설치했다. (사카이 주택)

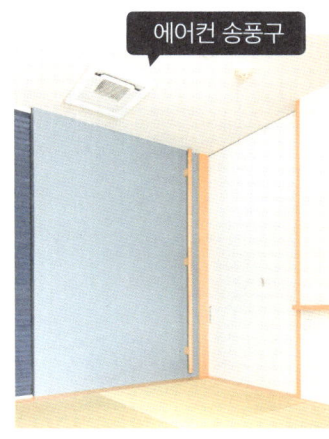

(위) 손님방 천장에 있는 에어컨 송풍구. 거실 천장의 에어컨과 세트로 덕트가 연결되어 있다. (오른쪽) 에어컨 배관이 노출되지 않도록 비스듬한 벽 부분에 매립했다. (고타케 주택)

다이닝룸 벽에 설치한 책장. 에어컨 배관 마개와 환기구가 있지만 눈에 띄지 않는다. (사이토 주택)

아파트 설비인 인터폰을 벽 안으로. 평소에는 뚜껑을 닫아 가린다. (아와즈 주택)

COLUMN

옛집의 추억을 리모델링에 남긴다

옛집의 일부를 남겨 활용하면 운치 있는 인테리어가 됩니다.
가족에게 소중한 집의 추억도 남길 수 있지요.

옛집에서 사용하던 스테인드글라스, 전통 가구, 교창을 활용해 인상적인 현관으로. (무코야마 주택)

운치 있는 창호와 난간을 인테리어 포인트로

누구나 오래 산 집에 정이 들게 마련입니다. 모든 것을 새로 갈아치우는 것에 저항감을 느끼는 사람도 있을 테지요. 이럴 때는 오래된 집의 일부를 변형해 남기는 방법이 있습니다. 옛날식 교창이나 장지문 같은 창호에는 새집에는 없는 독특한 매력이 있어 인테리어의 포인트가 되기도 합니다.

재활용할 때는 색을 다시 칠하는 등 벽이나 바닥과 조화를 이루도록 연구합니다.

---

01 창호를 재활용한다

미닫이문이나 장지문의 색을 다시 칠한 후 그대로 사용하는 방법도 있다. 다다미방을 마룻바닥으로 바꾼 경우에도 커튼이 아닌 장지문을 사용하면 일본 스타일의 모던한 매력이 생긴다. 비용을 절감하는 효과도 있다.

창의 장지틀과 문살을 검은색으로 다시 칠해 남편의 서재 TV 받침대와 조화를 이루었다. (요시이 주택)

02 교창을 재활용한다

교창이란 천장과 상인방 사이에 설치된 개구부를 말한다. 격자나 문살, 투각 등 멋진 디자인이 많으므로 창호에 짜 넣는 등 조합하여 활용하기를 추천한다. 빛을 투과시키고 바람을 통하게 하는 기능적인 면도 있다.

거실 입구에 둔 불단을 자연스럽게 감추는 가림벽에 교창을 조합해 넣었다. (다치하라 주택)

실패 없는 시니어 리모델링을 위한
Q & A

Q1.
시니어 리모델링을 하기 전에 생각해야 할 것은?

10년~20년 후의 삶을 떠올려 보세요

    100세까지 사는 게 드물지 않은 시대입니다. 우선은 '언제까지 이 집에서 살 것인가?'를 생각해 보세요. '계단을 오르내리지 못하게 되면 시설로 옮기자'는 사람도 있을 것이고 '누워서 못 일어나도 이 집에서 계속 살고 싶다'는 사람도 있을 것입니다. 리모델링을 계기로 부부가 함께 노후에 관한 이야기를 나누는 것도 매우 바람직한 일입니다.

    70대, 80대, 90대가 되었을 때, 배우자가 먼저 떠나고 혼자가 되었을 때, 간병이 필요하게 되었을 때 등 남은 인생을 살아갈 방법을 상상해보세요. 예컨대 '지금은 2층 침실에서 자지만 나중에는 1층으로 침실을 옮길까?', '침실 옆에 화장실이 있는 게 좋겠다', '세면대는 의자에 앉아서 사용할 수 있도록 만들고 싶다' 같은 구체적인 플랜이 떠오를 것입니다.

    아직 건강한데 온 집안에 난간을 설치하는 등의 과도한 작업은 할 필요가 없다고 생각합니다. 하지만 나중에 난간을 설치할 수 있도록 기초를 넣어 두는 등의 준비를 해 두면 안심할 수 있습니다.

    그밖에 오른쪽과 같은 것도 생각해 두면 플랜을 만들 때 쉬워집니다.

[리모델링 전에 생각해야 할 것]

조금 전의 이야기를 떠올리면서 노트에 적거나 부부가 함께 이야기 나눠보세요.

하루를 보내는 방법

리모델링 후에 어떤 식으로 하루를 보내게 되나요? 정원 일을 하며 여유롭게 지내고 싶다, 최대한 밖으로 나가 활동적으로 지내고 싶다, 손님을 초대해 북적거리며 살고 싶다 등 각자 원하는 생활이 다를 것입니다.

부부의 관계

부부의 관계도 다양합니다. 늘 함께 행동하는 것이 자연스러운 부부인지, 아니면 지혜롭게 덜 부딪치면서 지내야 좋은 부부인지. 자신의 스타일을 확인해 두는 것은 의미 있는 일입니다.

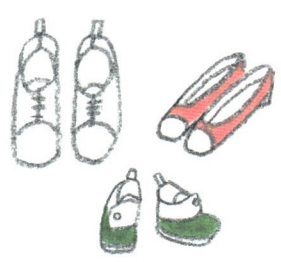

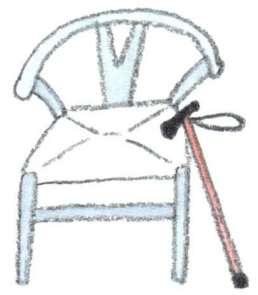

자녀와의 관계

자녀나 손자들이 자주 오는지, 1년에 한두 번 정도 오는지에 따라서도 플랜이 조금 달라집니다. 외식을 많이 한다면 큰 테이블이 필요 없고, 자고 가는 일이 드물다면 손님방이나 많은 이불도 필요 없겠지요.

부모님의 노후에 대하여

부모님이 혼자 지낼 수 없게 되거나 간병이 필요하게 되었을 때 어떻게 할지에 대해서도 부부간의 협의가 필요합니다. 이를테면 노부모를 위한 침실을 넓게 만들어 두고, 언젠가는 자신들의 침실로 쓴다는 플랜도 있습니다.

Q2.
설명회나 오픈 하우스에서
확인해야 할 것은?

보기만 하지 말고 설비가 편리한지 사용해 보거나 적극적으로 질문하세요

리모델링 회사나 인테리어 업체에서 주최하는 설명회나 오픈 하우스(실제 리모델링한 집을 견학할 수 있는 이벤트)에 참가하는 것은 매우 의미 있는 일입니다. 실제로 사람이 살고 있는 공간을 체험할 수 있다는 건 귀한 경험이지요. 리모델링 전의 사진과 비교하며 설명해주는 것이 큰 도움이 됩니다. 리모델링 후의 생활을 보다 구체적으로 그려볼 수 있으니, 거리가 멀더라도 꼭 참석해보길 권합니다.

무엇보다 좋은 것은 살고 있는 분의 생생한 목소리를 들을 수 있다는 점입니다. 평면이나 주방 및 욕실의 편리성에 대해 질문하거나, 좋았던 점뿐만 아니라 실패라고 생각하는 부분에 대해서도 적극적으로 질문해보세요.

보기만 하지 말고 설비의 조작 방법을 질문하거나, 허락을 구해 실제로 조작해 보시길 추천합니다. 쉐이드의 개폐나 수전 레버의 사용감 등 디자인뿐만 아니라 조작이 편리한지도 경험해보고 선택할 수 있습니다.

따라하고 싶은 인테리어 아이디어가 있다면 허락을 구한 후에 사진을 찍어 참고하는 것도 좋은 방법입니다.

Q3.
리모델링을 계기로 미니멀라이프를 해보고 싶은데 결심이 쉽지 않습니다

건강하게 움직일 수 있는 지금 하지 않으면 후회하게 됩니다

'리모델링으로 수납 공간을 늘리고 싶다'는 요청을 많이 받습니다. 수납 공간을 충실하게 만들면 넘쳐나는 물건을 정리할 수 있겠지만, 반면에 물건을 모으는 원인이 되기도 합니다. 미니멀라이프를 실천하는 과정에는 에너지가 많이 필요하지요. 나이가 들수록 물건 관리는 부담으로 다가옵니다. 부디 리모델링을 계기로 물건을 정리하는 방향으로 결단을 내리기 바랍니다.

물건을 소중히 여기는 세대에게는 '아직 사용할 수 있는데 버리기는 아깝다'는 마음이 브레이크로 작용하기 쉽습니다. 하지만 '리모델링 후에 꿈꾸는 생활에 그것이 필요한가', '내가 죽고 나면 그것을 가져갈 사람이 있는가'를 생각하면 저절로 답이 나올 것입니다. 물건이 줄면 관리하는데 드는 수고가 덜어지고 정신적인 부담이 줄어 홀가분하게 살 수 있습니다. 수납 공간을 줄이면 거실을 넓게 쓸 수 있습니다.

실제로 리모델링을 계기로 미니멀라이프를 실천한 고객으로부터 "힘들었지만 그때 해 두길 잘했다"라는 소리를 많이 듣습니다.

리모델링 하기 전에 집안 전체의 사진을 찍어 어디에 무엇을 수납할지 계획을 세운다. 물건이 얼마나 많은지 자각하기 위한 중요한 작업이다.

Q4.
리모델링 의뢰처는
어떤 점을 기준으로 선택하는가?

의뢰인의 생활을 가까이서 이해해주는 합이 잘 맞는 건축가를 찾으세요

이상적인 리모델링을 위해서는 합이 잘 맞는 파트너를 선택하는 것이 중요합니다. 만약 설비 교체가 주된 목적이라면 현지의 인테리어 업체에 부탁하는 방법도 있습니다만, 평면 변경까지 고려하고 있다면 설계 사무소, 상담해 줄 설계사가 있는 리모델링 회사, 건설업체에 의뢰할 것을 권합니다.

건축가나 리모델링 회사가 시공한 사례를 홈페이지나 책, 잡지 등을 통해 찾아보고 마음에 들면 상담을 신청하세요. 최근에는 온라인 상담도 보편화 되어 있어 거리가 멀어도 맡아줄 가능성이 큽니다.

자신의 플랜을 일방적으로 밀어붙이는 설계자는 별로 없겠지만, 반대로 고객이 말하는 대로만 따르는 사람도 주의해야 합니다. 이야기를 잘 들은 후에 전문가의 관점에서 지적이나 충고를 해주는 사람이 좋은 설계자입니다. 리모델링을 시작하면 도면대로 되지 않는 부분도 생깁니다. 그럴 때 임기응변적인 제안을 할 수 있는지도 중요합니다. 시공 경험이 많은 사람이라면 안심입니다.

도면만으로는 이미지화할 수 없는 경우도 많으므로 투시도나 그림을 요청하면 쉽게 이해되실 겁니다. 자신이 원하는 것에 귀 기울여주고 생활을 가까이서 이해해주는 설계자(담당자)를 찾으세요.

[리모델링 의뢰]

리모델링의 목적이나 중시하는 사안에 따라 의뢰처가 달라집니다.
합이 잘 맞는 의뢰처를 찾는 것이 리모델링 성공의 열쇠입니다.

설계사무소(건축가)

시공주의 의견을 차분히 듣고 라이프 스타일에 맞는 플랜을 제안해준다. 독창성이 있으니 생각지 못했던 제안을 해주기도 한다. 시공사의 견적이 적정한지, 도면대로 공사가 진행되고 있는지 등을 체크해 준다는 것도 큰 장점.

건설회사의 리모델링 부서

시스템화된 대응과 진행이 특징. 애프터서비스도 확실하다. 건축사 자격증을 가진 플래너가 상담해 주는데, 본인과 합이 잘 맞는 사람을 찾는 것이 관건이다. 특수한 공법으로 만든 집이라면 애초에 건축했던 회사의 리모델링 부서에 의뢰하는 것이 좋을 수 있다.

리모델링 회사

회사에 따라 규모나 잘하는 분야가 다르다. 자사에 건축사를 둔 곳도 있고, 외부 설계 사무소와 제휴하는 곳도 있다. 부동산 부서가 있어 리모델링에 적합한 중고 매물을 찾는 것부터 지원해 주는 업체도 늘고 있다.

인테리어 업체

지역밀착형이라 빠르게 대처해주고 소통하기 쉬운 것이 장점. 외부 건축가와 제휴하고 있는 곳도 있다. 저예산이나 소규모 리모델링도 의뢰하기 쉽고 리모델링 후의 수리도 부담 없이 맡길 수 있다.

Q5.
건축가에게 요청 사항을 잘 전달하려면 어떻게 해야 하나?

자신의 취향과 습관 등 사소한 것까지 말씀하세요

주방에 어떤 설비를 원하는지, 어디에 어떤 수납장을 원하는지 등을 이야기하기 전에 우선 '리모델링을 하게 된 경위'를 이야기하는 것이 중요합니다. 집에 관한 고민에 대해서도 솔직하게 이야기하세요. 그리고 부부 각자가 생활 속에서 중요하게 생각하는 것, 이상적인 생활 등을 차분히 이야기하고 이해시키는 것이 중요합니다. 반대로 말하자면, 대화 속에서 그런 이야기들을 끌어내는 사람이 좋은 건축가입니다.

이를테면 다짜고짜 "침실은 2층에 만들고 싶다"라고 의뢰하지 말고 왜 그러고 싶은지를 전달하는 것이 중요합니다. 그 이유에 따라 의뢰자가 생각지 못했던 플랜을 건축가가 제안하는 경우도 있습니다.

플랜에 직접적인 관계가 없다고 생각되는 것, 예컨대 자신이 좋아하는 것, 싫어하는 것, 매일의 습관 등 무엇이든 이야기해 보세요. 말을 하면 할수록 상대방이 더 쉽게 이해하게 됩니다. '하찮다'고 생각한 것이 의외로 플랜에 반영되는 경우도 있습니다. 그런 의미에서도 무엇이든 말할 수 있는 분위기를 만들어 주는 건축가를 선택하는 것이 중요합니다.

Q6.
센스가 없어서 바닥이나 벽지 색을 고르기 어려워요

책이나 인터넷에서 좋아하는 취향을 찾아보고 비슷하게 만드세요

'어떤 집으로 바꾸고 싶은지 잘 모르겠다'는 사람이 의외로 많습니다. 젊었을 때는 귀여운 느낌을 좋아했는데, 지금 자신이 어떤 취향을 원하는지 잘 모르겠다는 사람도 있습니다. 그럴 경우 인테리어 책이나 잡지도 보고, 인터넷으로 아름다운 집의 사진을 보다 보면 점점 자신의 취향을 알게 됩니다. 인스타그램에서 좋아하는 느낌의 사진을 발견하면 팔로우하는 것을 추천합니다.

좋아하는 취향의 사진이나 마음에 드는 인테리어 사진이 있으면 오리거나 프린트해 스크랩하는 것도 좋은 방법입니다. 말로 설명하는 것보다 더 쉽게 전달할 수 있습니다.

의뢰한 건축가의 과거 작품 중에 자신의 취향에 맞는 사례가 있다면 그것과 비슷하게 해 달라고 부탁하는 것도 좋습니다. '이 가구에 맞는 것을 선택해 주세요'라고 부탁하거나 최소한 '심플하게 하고 싶다'는 희망을 말한 후에 '알아서 해주세요'라고 말해도 좋을 것 같습니다.

자신이 좋아하는 인테리어를 담은 책을 구해 매일 읽어볼 것. 조금씩 '인테리어 안목'이 길러진다.

Q7.
아파트 리모델링에는
어떤 제약이 있는가?

주방이나 욕실 위치를 바꿀 수 없는 경우가 있으므로 주의하세요

단독주택에 비해 아파트는 건물 구조에 따라 평면을 크게 변경하지 못하는 경우가 있습니다. 우선은 공법을 확인하세요. 아파트 관리 규약을 읽어 두는 것도 중요합니다.

'라멘 구조(Rahmen structure)'는 실내 벽을 이동하기 쉬워 평면의 자유도가 높습니다. 반면 '벽식 구조'는 벽을 철거하지 못하는 경우도 많습니다.

(한국에서 라멘 구조 건축은 잦은 실내 평면구조 변경이 필요한 상업용 건물에 주로 사용되며 주거용 건물은 대부분 벽식 구조이고 일부는 무량판 구조로도 지어진다. -옮긴이)

또 다른 포인트는 바닥의 구조입니다. 오래된 아파트는 '이중 바닥'이 아닌 경우가 있습니다. 이중 바닥은 바닥 아래 공간에 배관이 지나가기 때문에 주방이나 욕실 등의 위치를 옮기기 쉽지만, 이중 바닥이 아니라면 제약이 따릅니다.

창문 구조도 확인해야 합니다. 손잡이 등 조작부가 튀어나와 있는 창을 이중창으로 변경하려면 테두리를 깊게 파는 등 아이디어가 필요합니다.

구축 아파트를 사서 리모델링하는 경우에는 구입 전에 건축가와 상담하는 것이 좋습니다. 가능하다면 함께 매물을 보러 가서 조언을 받을 수도 있으니 빨리 컨택해 보세요.

① 현관·홀·복도
현관문의 안쪽 바닥과 벽, 붙박이장 등은 변경할 수 있다. 현관 바깥 부분은 변경할 수 없다.

② 현관문
현관문은 교체할 수 없지만 문 안쪽을 칠하거나 시트지를 교체할 수는 있다.

③ 바닥
관리 규약상 차음성능이 요구되므로 재료나 공법이 제한되는 경우가 있다.

④ 벽
철거나 이동을 할 수 있는 벽과 할 수 없는 벽이 있다. 외부와 접한 벽에 단열재를 재충전할 수는 있다.

⑤ 창
새시를 교체하거나 내부창을 달아 이중 새시로 만들 수 있다.

⑥ 발코니
펜스나 난간의 변경, 긴급 시 피난에 방해가 되는 것은 설치할 수 없다.

⑦ 천장
도료 덧칠, 천장의 판자나 벽지는 교체할 수 있다. 단열재나 방음재를 재충전할 수도 있다.

⑧ 도어·창호
자유롭게 교환할 수 있다.

⑨ 급배수 설비
배수 구배가 충분한 범위 내에서 배수관을 이동할 수 있으므로 주방, 욕실, 화장실을 이동할 수 있다.

⑩ 전기 배선
콘센트나 조명기구는 위치를 이동하고 계약 암페어 내에서 늘릴 수 있다.

이 책에 소개한 주택 리스트

※ 리모델링에 참고할 만한 조건으로 사진을 골랐기 때문에 신축 건물도 포함되어 있습니다.

아라이 주택(신축)
소재지 : 사이타마현 후지미시
부지면적 : 135.85㎡(약 41평)
연면적 : 105.88㎡(약 32평)
구조 규모 : 목조 2층 건물
가족 구성 : 부부 + 자녀 2명

아오키 주택
소재지 : 도쿄도 스기나미구
리모델링 면적 : 57.96㎡(약 18평)
구조 규모 : 목조 2층 건물
가족 구성 : 부부

아와즈 주택
소재지 : 도쿄도 주오구
리모델링 면적 : 164.47㎡(약 50평)
구조 규모 : RC 맨션
가족 구성 : 부부 + 자녀 2명

아시다 주택
소재지 : 도쿄도 네리마구
리모델링 면적 : 227.27㎡(약 69평)
구조 규모 : 목조 2층 건물
가족 구성 : 부부

우라사키 주택

소재지 : 도쿄도 네리마구
리모델링 면적 : 1기(1期) 61.43㎡(약 19평) + 2기(2期) 42.06㎡(약 13평)
구조 규모 : 목조 2층 건물
가족구성 : 부부 + 자녀 1명

이자와 주택

소재지 : 가나가와현 요코하마시
리모델링 면적 : 56.63㎡(약 17평)
구조 규모 : RC 맨션
가족 구성 : 부부

엔도 주택

소재지 : 가나가와현 가와사키시
리모델링 면적 : 73.33㎡(약 22평)
구조 규모 : RC 맨션
가족 구성 : 부부

이토 주택(신축)

소재지 : 도쿄도 후추시
부지면적 : 21.19㎡(약 37평)
연면적 : 94.29㎡(약 29평)
구조 규모 : 목조 2층 건물
가족 구성 : 부부

오카자키 주택

소재지 : 사이타마현 사이타마시
리모델링 면적 : 158.96㎡(약 48평)
구조 규모 : 목조 2층 건물
가족 구성 : 부부

이와사와 주택

소재지 : 사이타마현 사이타마시
리모델링 면적 : 54.84㎡(약 17평)
구조 규모 : RC 맨션
가족 구성 : 본인

가시와기 주택
소재지 : 도쿄도 오타구
리모델링 면적 : 101.26㎡(약 31평)
구조 규모 : RC 맨션
가족 구성 : 부부 + 자녀2인

오카다 주택
소재지 : 가나가와현 요코하마시
리모델링 면적 : 113.03㎡(약 34평)
구조 규모 : 목조 2층 건물
가족 구성 : 부부

가네코 주택
소재지 : 지바현 후나바시시
리모델링 면적 : 65.5㎡(약 20평)
구조 규모 : RC 맨션
가족 구성 : 부부

오시키리 주택
소재지 : 치바현 야치요시
리모델링 면적 : 90.87㎡(약 27평)
구조 규모 : 목조 2층 건물
가족 구성 : 부부

우에바야시 주택
소재지 : 도쿄도 메구로구
리모델링 면적 : 144.77㎡(약 44평)
구조 규모 : RC조 2층 건물
가족 구성 : 부부 + 자녀 세대

고타케 주택
소재지 : 가나가와현 오다와라시
리모델링 면적 : 72.64㎡(약 22평)
구조 규모 : RC 맨션
가족 구성 : 부부

요네자키 주택(신축)

소재지 : 치바현 이치카와시
부지면적 : 188.52㎡(약 57평) 연면적 : 110.53㎡(약 33평)
구조 규모 : 목조 2층 건물
가족 구성 : 부부

고바야시 주택

소재지 : 사이타마현 가스카베시
리모델링 면적 : 87.48㎡(약 26평)
구조 규모 : 목조 2층 건물
가족 구성 : 부부

사이토 주택

소재지 : 도쿄도 신주쿠구
리모델링 면적 : 53.85㎡(약 16평)
구조 규모 : RC 맨션
가족 구성 : 부부

고바야시 주택(신축)

소재지 : 가나가와현 지가사키시
부지면적 : 383.19㎡(약 116평)
연면적 : 124.54㎡(약 38평)
구조 규모 : 목조 단층집
가족 구성 : 부부

사카이 주택

소재지 : 도쿄도 미나토구
리모델링 면적 : 155.80㎡(약 47평)
구조 규모 : RC 맨션
가족 구성 : 부부

고미야 주택

소재지 : 도쿄도 아라카와구
리모델링 면적 : 197.69㎡(약 60평)
구조 규모 : S조 3층 건물
가족 구성 : 부부

다키모토 주택
소재지 : 도쿄도 세타가야구
리모델링 면적 : 63.41㎡(약 19평)
구조 규모 : RC 맨션
가족 구성 : 본인

사카모토 주택(두 번째 리모델링)
소재지 : 치바현 사쿠라시
리모델링 면적 : 1기 76.53㎡(약 23평) + 2기 65.5㎡ (약 20평)
구조 규모 : 목조 2층 건물
가족 구성 : 부부

다치하라 주택
소재지 : 사이타마현 사이타마시
리모델링 면적 : 114.01㎡(약 34평)
구조 규모 : 목조 2층 건물
가족 구성 : 자매

시마다 주택
소재지 : 도쿄도 네리마구
리모델링 면적 : 103.92㎡(약 31평)
구조 규모 : RC조 지하 + 목조 2층 건물
가족 구성 : 부부

다나베 주택
소재지 : 가나가와현 가마쿠라시
리모델링 면적 : 76.15㎡(약 23평)
구조 규모 : RC 맨션
가족 구성 : 본인

신지주택(신축 + 리모델링)
소재지 : 가나가와현 즈시시
부지면적 : 208.35㎡(약 63평)
연면적 : 121.31㎡(약 37평)
구조 규모 : 목조 2층 건물   가족 구성 : 부부 + 자녀 1명

니시 주택

소재지 : 도쿄도 네리마구
리모델링 면적 : 52.17㎡(약 16평)
구조 규모 : 목조 2층 건물
가족 구성 : 부부

쓰카하라 주택(신축)

소재지 : 도쿄도 네리마구
부지면적 : 223.54㎡(약 68평)
연면적 : 82.18㎡(약 25평)
구조 규모 : 목조 단층 건물
가족 구성 : 본인

니시노 주택

소재지 : 지바현 야치요시
리모델링 면적 : 68.85㎡(약 21평)
구조 규모 : RC 맨션
가족 구성 : 본인 + 모

나카오카 주택

소재지 : 가나가와현 가와사키시
리모델링 면적 : 92.27㎡(약 28평)
구조 규모 : RC 맨션
가족 구성 : 본인

누마지리 주택

소재지 : 치바현 사쿠라시
리모델링 면적 : 51.42㎡(약 16평)
구조 규모 : 목조 2층 건물
가족구성 : 부부

나카노 주택

소재지 : 가나가와현 요코하마시
리모델링 면적 : 102.65㎡(약 31평)
구조 규모 : RC 맨션
가족 구성 : 부부 + 자녀 1명

후쿠치 주택(신축)

소재지 : 도쿄도 네리마구
부지면적 : 113.03㎡(약 34평)
연면적 : 101.04㎡(약 31평)
구조 규모 : 목조 2층 건물
가족 구성 : 부부 + 자녀 1명

하라 주택(신축)

소재지 : 가나가와현 가와사키시
부지면적 : 526.46㎡(약 160평)
연면적 : 232.74㎡(약 70평)
구조 규모 : 목조 2층 건물
가족 구성 : 부부 + 자녀 3명

후쿠야마 주택

소재지 : 도쿄도 스기나미구
리모델링 면적 : 36.12㎡(약 11평)
구조 규모 : RC 맨션
가족 구성 : 부부 + 자녀 1명

히노 주택

소재지 : 도쿄도 메구로구
리모델링 면적 : 84.43㎡(약 26평)
구조 규모 : 목조 2층 건물
가족 구성 : 부부 + 자녀 1명

후지타 주택

소재지 : 도쿄도 세타가야구
리모델링 면적 : 64.64㎡(약 20평)
구조 규모 : RC 맨션
가족 구성 : 부부

히라야마 주택

소재지 : 도쿄도 주오구
리모델링 면적 : 88.88㎡(약 27평)
구조 규모 : RC 맨션
가족 구성 : 부부 + 자녀 2명

무코야마 주택(신축)
소재지 : 도쿄도 네리마구
부지면적 : 145.94㎡(약 44평)
연면적 : 110.21㎡(약 33평)
구조 규모 : 목조 2층 건물
가족 구성 : 부부 + 자녀 1명

후나토 주택
소재지 : 사이타마현 사이타마시
리모델링 면적 : 40.00㎡(약 12평)
구조 규모 : RC 맨션
가족 구성 : 부부 + 자녀 2명

야마모토 주택
소재지 : 도쿄도 분쿄구
리모델링 면적 : 69.69㎡(약 21평)
구조 규모 : RC 맨션
가족 구성 : 부부 + 자녀 2명

미즈코시 주택(신축 + 리모델링)
소재지 : 도쿄도 네리마구
대지면적 : 132.24㎡(약 40평)
연면적 : 128.34㎡(약 39평)
구조 규모 : 목조 2층 건물
가족 구성 : 부부 + 자녀 1명

요시이 주택
소재지 : 사이타마현 시라오카시
리모델링 면적 : 116.47㎡(약 35평)
구조 규모 : 목조 2층 건물
가족 구성 : 부부

미야우치 주택
소재지 : 도쿄도 무사시노시
리모델링 면적 : 154.76㎡(약 47평)
구조 규모 : RC 구조 지하 + 목조 2층
가족 구성 : 부부 + 어린이 1명

나를 위한 인테리어

1쇄 펴낸날 2025년 6월 25일

지은이	미즈코시 미에코
옮긴이	박승희
펴낸이	정원정, 김자영
편집	홍현숙
디자인	패러그래프
펴낸 곳	즐거운상상
주소	서울시 중구 충무로 13 엘크루메트로시티 1811호
전화	02-706-9452
팩스	02-706-9458
전자우편	happydreampub@naver.com
인스타그램	@happywitches
출판등록	2001년 5월 7일
인쇄	현대문예
ISBN	979-11-5536-235-8 13590

* 이 책의 모든 글과 그림, 디자인을 무단으로 복사, 복제, 전재하는 것은 저작권법에 위배됩니다.
* 잘못 만들어진 책은 서점에서 교환하여 드립니다.
* 책값은 뒤표지에 있습니다.
* 전자책으로 출간되었습니다.

Risou no kurashi o kanaeru gojuudai karano reform
~ dousen to shuunou ga yutori o umidasu
Copyright © Mizukoshi Mieko 2021
First published in Japan in 2021 by DAIWA SHOBO Co., Ltd.
Korean translation rights arranged with DAIWA SHOBO Co., Ltd.
Through Shinwon Agency Co., Ltd.
Korean edition copyright © 2025 by Happy Dream Publishing co.

이 책의 한국어판 저작권은 Shinwon Agency를 통한 저작권자와의 독점 계약으로 즐거운상상이 소유합니다.
신 저작권법에 의하여 한국 내에서 보호를 받는 저작물이므로 무단전재와 무단복제를 금합니다.